Conversación y controversia

Tópicos de hoy y de siempre

Tercera edición

Nino R. Iorillo

Beachwood High School
Beachwood, Ohio

Andrés C. Díaz

Emeritus, John Carrol University
Cleveland, Ohio

Prentice Hall, Upper Saddle River, New Jersey 07458

Library of Congress Cataloging-in-Publication Data

Díaz, Andrés C.
      Conversación y controversia: Tópicos de hoy y de siempre
   Nino R. Iorillo, Andrés C. Díaz.—3rd ed.
         p.   cm.

      Includes index.
      ISBN 0-13-307877-9
      1. Spanish language—Conversation and phrase books.   2. Spanish language—Grammar.
      I. Iorillo, Nino R., 1937–
   II. Title.
   PC4121.D48   1996
   468.3'421—dc20   96-8347
                                                                                 CIP

Editor-in-Chief: *Steve Debow*
Director of Development: *Marian Wassner*
Assistant Editor: *María F. García*
Editorial Assistant: *Karen George*

Managing Editor: *Deborah Brennan*
Cover Design: *Ximena de la Piedra*
Manufacturing Buyer: *Tricia Kenny*

©1996 by Prentice Hall, Inc.
A Simon & Schuster Company
Upper Saddle River, New Jersey 07458

Printed in the United States of America
10 9 8 7 6 5 4 3 2 1

ISBN   0-13-307877-9

Prentice Hall International (UK) Limited, *London*
Prentice Hall of Australia Pty. Limited, *Sydney*
Prentice Hall Canada Inc., *Toronto*
Prentice Hall Hispanoamericana, S.A., *México*
Prentice Hall of India Private Limited, *New Delhi*
Prentice Hall of Japan, Inc. *Tokyo*
Simon & Schuster Asia Pte. Ltd, *Singapore*
Editora Prentice Hall do Brasil, Ltda., *Rio de Janeiro*

CONTENIDO

PREFACE

Human beings have always been inclined to communicate and exchanges ideas, opinions, and sentiments with each other. This interchange has been traditionally called conversation or dialogue. The range of topics of conversation has been extremely wide from the superficial discussion of weather to the most profound theological, philosophical, or scientific themes. However, instead of a free exchange of ideas, the typical Spanish conversational class has been a mere interrogation of facts concerning the culture and the civilization of Spain or Spanish America.

The authors of this text have long felt that there should be a place for the free interchange of ideas on conventional topics which are somewhat relevant, interesting, and provocative. We reached the conclusion that conversation was best achieved in an atmosphere of controversy or debate of material that is common enough for everyone to hold some opinion. It may well be comfortable conversing with someone who agrees with everything we say, but it is challenging and exciting to exchange ideas with someone opposed to our viewpoint. The material we chose had to be familiar to everyone because otherwise a conversation becomes one-sided and dull. (Have you ever had to listen to someone describe a movie that he has seen but you haven't?)

We do not pretend to have covered all topics or interests. Neither do we pretend that all topics will be of interest to everyone, but we do feel that any reasonably mature, informed student should have an opinion to contribute.

We must also make clear that we do not claim to be factually correct or accurate in the opinions expressed in the themes. Neither do we claim to have exhausted all arguments pro or con, but we have striven to maintain objectivity in the presentation of both sides of each issue. Our purpose is not to propagandize. While the style and language are as correct as was humanly possibly, there are no literary pretensions. Our main purpose is to provide a vehicle of conversation for students who have a basic understanding of the Spanish language.

Finally, we wish to thank our families (specially Kathy) for their continued help, patience, and cooperation in the preparation of this edition. Without Steve Debow, Marcía García, Debbie Brennan, Ximena de la Piedra and the rest of the staff at Prentice Hall this edition would not have been published. We are most grateful to you all and to Carlos Calvo and the staff at Hispanex.

N.R.I.
A.C.D.

TO THE INSTRUCTOR

GENERAL OBSERVATIONS

We have successfully used most of these topics of conversation by dividing a class into small groups of four to six persons. Each group becomes an entity unto itself. It may be more interesting and productive to combine different types in each group. Pair the talkative outgoing young man with the quiet, studious girl; the conservative small town youth with the urbanite. The groups can be changed often for variety. Each group should have a *director (a)* or *moderador (a)* whose principal task should be a lively conversation. It is also recommended that another be a *secretario (a)* who might take notes of the group's activities and later sum them up for the entire class. Obviously a grade can be given for each turn as *director (a)* or *secretario (a)* depending on the productivity of the discussion and the clarity of the summation. The *director (a)* should be advised to prepare the topic well; that is, he/she should be able to ask some rather pointed, provocative questions as well as make comments that will elicit other observations. He/she may find it useful to choose an unpopular point of view to provoke the others into real controversy. An oral summation of the *secretario (a)* should represent the general or particular ideas in the course of the conversation.

Except for the *juegos,* each chapter follows the same pattern. Two themes are presented on a general topic, one pro, the other con. A list of questions follows each theme but these questions are only a sample of those that the *director* may ask. In some chapters a third related theme is included to give the topic added dimension. A vocabulary list follows the last theme and questions. If the Spanish definition does not aid the student, he/she may be referred to the Spanish-English vocabulary.

The grammar or structure review of each chapter is intended for home review rather than detailed class practice. If you feel that your students can benefit from the explanations or exercises, by all means use them. The vocabulary used, with few exceptions, is related to the general topic under discussion. Remember this section is secondary and may be omitted entirely.

This edition contains more vocabulary exercises that may help expand your classes vocabulary by relating Spanish to Spanish rather than depending on English translations.

The topics and structure follow no particular order. It makes as much sense to start with Chapter twenty as with Chapter one. No one chapter is dependent upon the other. We stress that the topics should be used as a stimulus of conversation, not reading. The instructor's role should be nothing more than an interested participant; we hope that you will not monopolize any theme and use it as a platform for personal views. The basic objective of the book is for the student to improve his/her conversational ability.

INTRODUCTION OF MATERIAL

The first day of class will probably be spent on an introduction of the course and procedure. Here the groups can be formed and the first topic assigned. Name a *director (a)* and *secretario (a)* for each group. Stress the importance of preparation because improvement in fluency only comes with practice and preparation. Also, grades should be based on oral performance. The class will be as interesting and beneficial as the student makes it. You as instructor should go from group to group to observe and possibly make comments. Encourage freedom of expression in Spanish, not English. Avoid telling someone that his/her opinion is wrong. The student may well respond by not making a contribution to any discussion.

Structural exercises may be assigned and done in class if the class level demands it. At the third year college level these exercises may be fairly easy and not worth taking class time.

One 40 or 50 minute class period may be devoted to group discussion of the topic. At the next meeting the *secretarios* could give their oral resumes after which the instructor could take time to discuss class performance, correct errors heard during the discussions, and make personal comments. Then the next topic may be introduced and a new *director* and *secretario* assigned.

If the class is called "conversation", avoid written tests. Isn't it hypocritical to grade students on written tests when you expect them to improve their oral ability? Grading each *director (a)* and *secretario(a)* is rather simple through direct observation of their performance.

The *juegos* are interspersed for variety and could well be handled in the same manner as the regular chapter. You should familiarize yourself and the class with the rules in order that all will proceed smoothly and productively. You will find the material fairly flexible. Please feel free to improvise.

ACKNOWLEDGEMENTS

We would like to thank the many reviewers who offered suggestions and critical evaluations of *Conversación y controversia*. Among the many colleagues who assisted with the text, we gratefully acknowledge:

John Gutiérrez, *The Pennsylvania State University*
John Twomey, *Southeastern Massachusetts University*
Maurice Westmoreland, *SUNY-Albany*
Carlos E. Martín, *Central Washington University*
Jill S. Kuhnheim, *University of Wisconsin-Madison*
Renée Andrade, *Mt. San Antonio College*
Robert Yanez, *University of South Florida*
Raúl Ianes, *Villanova University*
Katherine M. Gatto, *John Carroll University*
Ellen Haynes, *University of Colorado*

TO THE STUDENT

Your main objective in studying Spanish is undoubtedly to communicate in the language. We believe that this purpose is both worthwhile and reasonable. To truly accomplish proficiency, remember that you are trying to develop an oral, yet physical skill. Only through physical practice will you improve. With this basic rule in mind, try to discipline yourself to a certain set of study habits. Read each theme of each topic out loud at least once. Repeat any words which are difficult to pronounce. Study the questions and mentally prepare an answer. Try to anticipate objections to or criticisms of your answer.

Whether the structural exercises are assigned or not, it is to your advantage to do them. They offer a quick review of certain basic grammatical points and of the vocabulary of the general topic. You probably will be graded on your performance in class, not on the correctness of your opinions. Your objective should be improve your ability to express yourself in Spanish clearly, correctly, and naturally. Avoid translating an idea from English to Spanish. Instead, state your idea simply by imitating and using some of the constructions that you encountered in the themes.

LA BATALLA DE LOS SEXOS

▼▼▼

¿Cuál de los dos?

En la procreación del género todos estamos de acuerdo en que tienen que existir dos sexos, la hembra y el varón, pero es difícil convenir en cuál de los dos es superior al otro.

Los dos se complementan tan bien que la naturaleza no admite ninguna superioridad ni inferioridad; los dos desempeñan distintos papeles. De lo que carecía nuestro "papi" lo tenía en abundancia nuestra "mami", y viceversa. ¿Quién querría vivir en un mundo con sólo un sexo? Necesitamos los dos.

Desde que éramos chicos existía la batalla (a veces seria) de cuál era el sexo superior. Los varones querían jugar solos, sin que vinieran a molestarlos las niñas, porque ellas no podían entender los juegos de machos. Era igual con las niñitas, que querían que los niñitos brutos las dejaran solas para poder divertirse con sus propios juegos. A veces las niñas se enfadaban cuando los muchachos invadían sus dominios para estorbar lo que hacían, aunque había veces cuando les gustaban las incursiones de ellos en el mundo femenino, ya que a edad temprana en cada sexo se despierta esa atracción natural que le dice a uno que el sexo opuesto le puede hacer la vida más feliz y completa.

En pocos años esa atracción se hace tan fuerte que hombres y mujeres prefieren la compañía del sexo opuesto. Pero a pesar de esta atracción o necesidad que uno tiene por el otro, siempre hay que aceptar que existen diferencias entre los dos, diferencias que pueden indicar flaquezas o debilidades y limitaciones en cada grupo.

De vez en cuando los hombres y las mujeres son capaces de reconocer estas diferencias con comentarios como "si ella fuera hombre no haría eso", "para un hombre es demasiado sensible" o "no se puede esperar más, es sólo un hombre (o una mujer)".

Es decir, aun el más liberal de nosotros, de vez en cuando, implica que el sexo opuesto es inferior o superior.

¿Cuáles son, según su opinión, las diferencias notables entre los dos sexos del género humano? ¿Importan? ¿Le frustran a veces? ¿Las acepta con resignación? ¿Las aguanta o a veces le enfadan haciéndole gritar?

1

PREGUNTAS ────────────────────────────────────

1. Si es usted hombre, ¿está contento con su sexo o quisiera haber nacido mujer? Razone su respuesta.

2. Si es mujer, ¿está contenta con su sexo o quisiera haber nacido hombre? Razone su respuesta.

3. En su opinión, ¿quién posee más belleza?, ¿el hombre o la mujer?

4. Generalmente, en el mundo animal, ¿quién es más bello?, ¿el macho o la hembra? Explíquese, cite algún ejemplo.

5. ¿Qué compañía prefiere?, ¿la de personas de su mismo sexo o la del sexo opuesto? ¿Por qué?

6. ¿Cuál es el sexo más fuerte?, ¿el masculino o el femenino? ¿Por qué?

El hombre es superior

Yo amo a mi madre, a mi abuelita y a mis tías, pero en términos generales somos nosotros, los hombres, el sexo superior. Esto es tan claro que no sé por qué se necesita discutir.

En la Biblia leemos que Dios primero creó al hombre, Adán, y después vio que éste necesitaba una compañera con quien compartir el Jardín del Edén, y así creó a Eva de la costilla de Adán. Primero, no nos olvidemos que Dios se llama "El Padre", no "La Madre" de todo, es decir que el lado masculino predomina porque todo comenzó con Él.

Es el varón quien tiene que proteger a la hembra porque él es más grande, más fuerte y más racional. Es él, quien en el transcurso de la historia de la especie humana, ha impulsado el progreso y la civilización con el sudor de su trabajo, la creatividad de su mente y la fuerza de sus decisiones. ¿Quiénes han sido los individuos más importantes de la historia? ¡Hombres! Sean filósofos, artistas, inventores, políticos, científicos o guerreros, los individuos más atrevidos han sido hombres.

La razón de esto es fácil de ver: el hombre no sólo es más fuerte en el sentido físico sino que posee la capacidad intelectual y las convicciones espirituales para hacer lo que se debe hacer. Él no se preocupa por su pelo ni gasta tiempo escogiendo el vestido perfecto, porque sabe que hay que cumplir con cosas de mayor importancia. Todos conocemos la expresión "hombre de acción" pero, ¿por qué no hay una semejante para las mujeres? ¿Quién diría "mujer de acción"? Nadie. Es el hombre el que empuja, impulsa y realiza lo que ha soñado y lo hace sensatamente, sin quejarse, porque sabe que hay que hacerlo.

No obstante su fuerza mayor, un buen hombre no debe ser injusto o severo con las mujeres; él necesita reconocer sus flaquezas y aguantarlas porque eso también es evidencia de su fuerza superior, su compasión y entendimiento. Un buen hombre es generoso, como fueron Jesús y Moisés, pero es el hombre quien debe dirigir y tomar control de la situación. No puede darse el lujo de gritar, llorar o desmayarse en situaciones de peligro. Es el hombre el que protege a su mujer, el que le inspira confianza, amor y respeto, y el que le satisface sus necesidades.

Sólo en un campo le reconozco superioridad a las mujeres, y eso es en su belleza. No puedo apartar los ojos de ellas cuando las veo pasar.

PREGUNTAS

1. ¿Cree usted realmente que el hombre es superior a la mujer? ¿Por qué?

2. ¿Por qué las grandes figuras de la historia en su mayoría han sido hombres?

3. ¿Podría nombrar a dos o tres mujeres que hayan sido extraordinarias en la historia del mundo? ¿Qué hicieron?

4. ¿Cómo explica que en los asuntos de amor es el hombre el que trata de conquistar a la mujer? ¿O estima que es todo lo contrario?

5. ¿Quién ama más?, ¿el hombre o la mujer?

La mujer es superior

Es ridículo tener que discutir este tema porque sólo hay un género, el humano. ¿Por qué se necesita hablar de la superioridad de un sexo o del otro? La razón es muy sencilla, es el hombre quien tiene un complejo de inferioridad, que se manifiesta en esas agresivas declaraciones de superioridad.

No es extraño que exista el término "machismo", que se aplica a la agresividad masculina, pero no hay ninguno semejante para las mujeres. Es fácil saber por qué: las mujeres no necesitan decir que son superiores porque ya todos lo saben. Las mujeres no necesitan demostrarle a nadie que son el sexo superior.

Vivimos vidas más largas; podemos tolerar más dolor; somos nosotras (las madres) las que cada hombre recuerda y llama en los momentos difíciles; es a nosotras a quienes los hombres quieren complacer cuando sienten esa necesidad de "hacer algo".

¿Quién da y nutre la vida de todos, sea hembra o varón? Claro, la mujer. ¿Quién nos protege cuando somos pequeños? La mujer. ¿Quién nos consuela en momentos de angustia? ¿Quién es el símbolo del hogar, de la familia, del amor? ¡La mujer!

Los hombres dicen que ellos son los impulsores de la historia, y tienen razón. Han matado más, han iniciado más guerras, más atrocidades, más estupideces que las mujeres. No han podido controlarse y es por eso que la raza humana ha tenido que padecer tantos abusos. Es verdad que el hombre es más fuerte físicamente porque tiene músculos más grandes y la fuerza física que viene de un cuerpo también más grande. Por eso, al principio de la historia, la mujer le tenía miedo y le permitía salirse con la suya; y si añadimos a eso que la mujer tiene que llevar al niño por nueve meses en su vientre, podemos entender por qué la mujer no podía hacer las mismas cosas que su marido. Ella estaba haciendo lo más imprescindible: perpetuar la especie humana, lo que ningún hombre puede hacer.

Ahora que hemos visto los horrores y las estupideces de los hombres, estamos tomando las riendas de la historia de sus manos porque bien sabemos que su próximo error estúpido puede poner fin a la vida humana en este planeta. Es nuestro turno, y estamos probando que podemos cumplir con nuestros deberes tradicionales mientras tomamos una participación activa en otros asuntos como la política, la ciencia, las artes y el comercio.

El futuro reposa en las mujeres porque hay dentro de nosotras la sensibilidad y el equilibrio para ver lo importante de la vida, sin ese orgullo ciego del hombre que nos ha conducido al precipicio de la destrucción completa de naciones.

PREGUNTAS

1. ¿Es realmente la mujer superior al hombre? ¿Por qué?

2. En su opinión, ¿en qué actividades de la vida la mujer es superior al hombre?

3. ¿Cree usted que si el mundo hubiera estado dirigido en su mayoría por las mujeres viviríamos en un mundo mejor?

4. En el reino animal, ¿quién tiene un papel más preponderante?, ¿el macho o la hembra? Explíquese.

5. ¿Por qué, en general, las mujeres viven más que los hombres?

V·O·C·A·B·U·L·A·R·I·O

aguantar   tolerar, sufrir

añadir   adicionar, sumar

atrevido   audaz, aventurero

campo   todo lo que está comprendido en cierta actividad

ciego   que no ve

complacer   dar gusto

costilla   cada uno de los huesos que van de la columna vertebral al esternón

cumplir   ejecutar una obligación

dar a luz   parir, dar nacimiento a un niño

desempeñar   cumplir con una obligación

desmayarse   perder el sentido

dolor   sensación aguda y molesta

empujar   hacer fuerza contra una cosa para moverla

enfadarse   molestarse, disgustarse

equilibrio   estabilidad

estorbar   poner obstáculo a algo

flaqueza   falta de vigor, fragilidad

gastar   consumir

hembra   persona o animal del sexo femenino

labios   bordes de la boca

llorar   derramar lágrimas

molestar   causar mortificación o dificultad

morder   cortar con los dientes

orgullo   arrogancia, vanidad

padecer   sentir pena o daño

papel   *(fig.)* carácter o representación con que se interviene en los asuntos de la vida.

peligro   riesgo inminente

pelo   cabello, filamento que nace en la cabeza

pequeño   *(fig.)* niño

poseer   tener uno en su poder una cosa

precipicio   *(fig.)* ruina espiritual

semejante   similar

soñar   *(fig.)* anhelar persistentemente una cosa

sudor   *(fig.)* esfuerzo extraordinario para lograr u obtener algo

temprano   antes del tiempo regular u oportuno

tolerar   sufrir, llevar con paciencia

varón   persona del sexo masculino

vestido   ropa con que las mujeres se cubren el cuerpo

REPASO GRAMATICAL

1. El pretérito indefinido y el pretérito imperfecto en el modo indicativo

En la lengua española existen dos tiempos pasados simples en el modo indicativo: el pretérito indefinido y el pretérito imperfecto, más conocidos con los nombres de **pretérito** e **imperfecto**, respectivamente.

El pretérito expresa, en general, una acción pasada que se considera terminada y completa; mientras que el imperfecto indica una acción pasada, con un sentido de continuidad.

La mayoría de los verbos españoles son regulares en el tiempo pretérito del indicativo. Examinemos, como ejemplos, estos tres verbos:

	trabajar	comer	vivir
yo	trabaj**é**	com**í**	viv**í**
tú	trabaj**aste**	com**iste**	viv**iste**
usted / él / ella	trabaj**ó**	com**ió**	viv**ió**
nosotros/as	trabaj**amos**	com**imos**	viv**imos**
vosotros/as	trabaj**asteis**	com**isteis**	viv**isteis**
ustedes / ellos / ellas	trabaj**aron**	com**ieron**	viv**ieron**

Como puede observarse, las terminaciones de las conjugaciones para los verbos terminados en **-ar** son: **-é, -aste, -ó, -amos, -asteis** y **-aron;** y para los verbos terminados en **-er** e **-ir** son: **-í, -iste, -ió, -imos, -isteis** y **-ieron.**

Menos fácil es recordar los verbos que son irregulares en el pretérito. En general, estos verbos irregulares tienen terminaciones similares a las de los verbos regulares; la irregularidad se presenta principalmente en la raíz. Las terminaciones para esta clase de verbos son: **-e, -iste, -o, -imos, -isteis** y **-ieron.**

Una vez conocida la raíz de cada uno de estos verbos en el pretérito, se le agregan las terminaciones indicadas. He aquí tres ejemplos:

andar	caber	conducir
anduve	cupe	conduje
anduviste	cupiste	condujiste
anduvo	cupo	condujo
anduvimos	cupimos	condujimos
anduvisteis	cupisteis	condujisteis
anduvieron	cupieron	condujeron*

---

*Cuando la última consonante de la raíz de estos verbos es **j**, como en el caso de **conducir**, cuya raíz es **conduj-**, la terminación para la tercera persona del plural es **-eron** en vez de **-ieron.**

Hay tres verbos irregulares en el pretérito del indicativo que no siguen este patrón. Son los verbos **ser, ir** y **dar.** Es necesario aprenderlos de memoria.

ser	ir	dar
fui	fui	di
fuiste	fuiste	diste
fue	fue	dio
fuimos	fuimos	dimos
fuisteis	fuisteis	disteis
fueron	fueron	dieron

Vemos que los verbos **ser** e **ir** tienen la misma forma en el pretérito del indicativo. El contexto particular de cada uno evita toda duda o ambigüedad.

También debemos recordar que los verbos con terminación **-ir,** que sufren cambio en su raíz en el tiempo presente del indicativo, como por ejemplo **pedir, morir** y **seguir,** en el pretérito este cambio sólo se produce en la tercera persona, singular y plural. En cuanto a sus terminaciones estos verbos son regulares.

pedir	morir	seguir
pedí	morí	seguí
pediste	moriste	seguiste
pidió	murió	siguió
pedimos	morimos	seguimos
pedisteis	moristeis	seguisteis
pidieron	murieron	siguieron

Otros verbos de la misma categoría son **advertir, concebir, consentir, convertir, divertir, dormir, impedir, mentir, repetir, sentir** y **servir.**

Entre los verbos más comunes en el pretérito del indicativo que presentan irregularidades en la raíz se encuentran:

Verbo	Raíz (pretérito)	Conjugación
andar	anduv-	anduve, anduviste, anduvo, anduvimos, anduvisteis, anduvieron
caber	cup-	cupe, cupiste, cupo, cupimos, cupisteis, cupieron
conducir	conduj-	conduje, condujiste, condujo, condujimos, condujisteis, condujeron
decir	dij-	dije, dijiste, dijo, dijimos, dijisteis, dijeron
deducir	deduj-	deduje, dedujiste, dedujo, dedujimos, dedujisteis, dedujeron
detener	detuv-	detuve, detuviste, detuvo, detuvimos, detuvisteis, detuvieron

estar	estuv-	estuve, estuviste, estuvo, estuvimos, estuvisteis, estuvieron
hacer	hic-	hice, hiciste, hizo*, hicimos, hicisteis, hicieron
inducir	induj-	induje, indujiste, indujo, indujimos, indujisteis, indujeron
intervenir	intervin-	intervine, interviniste, intervino, intervinimos, intervinisteis, intervinieron
introducir	introduj-	introduje, introdujiste, introdujo, introdujimos, introdujisteis, introdujeron
poder	pud-	pude, pudiste, pudo, pudimos, pudisteis, pudieron
poner	pus-	puse, pusiste, puso, pusimos, pusisteis, pusieron
producir	produj-	produje, produjiste, produjo, produjimos, produjisteis, produjeron
querer	quis-	quise, quisiste, quiso, quisimos, quisisteis, quisieron
reducir	reduj-	reduje, redujiste, redujo, redujimos, redujisteis, redujeron
saber	sup-	supe, supiste, supo, supimos, supisteis, supieron
tener	tuv-	tuve, tuviste, tuvo, tuvimos, tuvisteis, tuvieron
traducir	traduj-	traduje, tradujiste, tradujo, tradujimos, tradujisteis, tradujeron
traer	traj-	traje, trajiste, trajo, trajimos, trajisteis, trajeron
venir	vin-	vine, viniste, vino, vinimos, vinisteis, vinieron

2. El imperfecto del indicativo

La forma del imperfecto del indicativo no presenta dificultad, ya que todos son regulares, con la excepción de tres verbos: **ser**, **ir** y **ver**. He aquí sus formas en el imperfecto:

ser	ir	ver
era	iba	veía
eras	ibas	veías
era	iba	veía
éramos	íbamos	veíamos
erais	ibais	veíais
eran	iban	veían

---

*Cambie la **c** por **z**, a fin de mantener al sonido suave de la **c** antes de la **o**.

Para los demás verbos, he aquí sus formas:

amar	comer	dormir
amaba	comía	dormía
amabas	comías	dormías
amaba	comía	dormía
amábamos	comíamos	dormíamos
amabais	comíais	dormíais
amaban	comían	dormían

Observe que las terminaciones de las conjugaciones para los verbos terminados en -ar son: **-aba, -abas, -aba, -ábamos, -abais** y **-aban.** Para los verbos terminados en **-er** e **-ir,** las terminaciones son: **ía, -ías, -ía, -íamos, -íais** e **-ían.**

EJERCICIOS

A. Cambie al pretérito del indicativo las siguientes oraciones:

1. Todos **estamos** de acuerdo en la necesidad de los dos sexos.   **2.** Desde que **somos** chicos existe la batalla de los sexos.   **3.** La atracción sexual **es** tan fuerte que no **puede** controlarse.   **4.** El hombre no **gasta** su tiempo en cosas sin importancia.   **5.** Los hombres **conducen** las cosas mejor que las mujeres.   **6.** Nosotros **decimos** que el sexo fuerte es la mujer.   **7.** Las mujeres **producen** más valores morales que los hombres.   **8.** Nuestras madres ven que sus hijos **crecen** sin problemas.   **9.** El complejo de inferioridad se **traduce** en las agresivas declaraciones de superioridad.   **10.** Muchos hombres **mueren** en la guerra por la estupidez de los gobernantes.

B. Cambie al imperfecto las oraciones del ejercicio A.

C. Conteste las siguientes preguntas con oraciones completas:

1. ¿Quién fue más inteligente en la escuela?, ¿tú o tu hermano?   **2.** ¿Tuvo usted muchos problemas en la escuela elemental?   **3.** ¿Fue usted a la conferencia de padres y maestros? **4.** ¿Cómo murió Juana de Arco?   **5.** ¿Se pusieron de acuerdo ustedes sobre la superioridad del hombre? **6.** ¿Pudiste intervenir en la discusión sobre la batalla de los sexos? **7.** ¿Fueron ustedes a una escuela pública o privada?   **8.** ¿Fueron dos hombres los que asesinaron a John F. Kennedy?   **9.** ¿Ayudaste mucho a tu mamá cuando eras niño(a)? **10.** ¿Le escribiste una carta en español a tu amigo mexicano?   **11.** ¿Dijimos nosotros que la mujer sufre más que los hombres?   **12.** ¿Tradujiste la composición del inglés al español?   **13.** ¿Quiénes ganaron más medallas en las Olimpiadas?, ¿las mujeres o los hombres?   **14.** ¿Dormías mucho cuando eras pequeño?   **15.** ¿Estuviste alguna vez en Washington D.C. para discutir sobre la igualdad de los sexos?

EJERCICIOS DE VOCABULARIO

A. *Complete con una palabra lógica y correcta.*

1. En la naturaleza existen los dos sexos, el _____ y la _____.
2. Sería muy _____ vivir en un mundo con un solo sexo.
3. Hay una atracción _____ entre los dos sexos.
4. Los dos sexos son diferentes pero se _____ perfectamente.
5. El hombre machista piensa que el hombre es _____ a la mujer.
6. En el reino animal muchas veces el varón es más _____ que la hembra.
7. Hay algunas mujeres que creen que algunos hombres tienen un complejo de _____.
8. En el reino animal es la hembra quien perpetúa la _____.
9. Algunas mujeres quieren participar más _____ en la vida política y social de hoy.
10. En la historia de la humanidad han sido los hombres los que han impulsado más _____.

B. *Complete con una idea lógica.*

1. El hombre es superior a la mujer porque _____.
2. Las mujeres no son tan fuertes como los hombres pero _____.
3. Aunque el varón sea más grande y más fuerte que la hembra, es ella la que _____.
4. Intelectualmente el género femenino es más _____ porque _____.
5. No debemos discutir las diferencias entre los sexos porque _____.
6. Es natural que un(a) niño(a) busque a su madre en momentos difíciles porque _____.
7. Cuando son jóvenes, los hombres son más agresivos que las mujeres porque _____.
8. En momentos de gran angustia y tormento una persona vuelve su pensamiento a su madre porque _____.
9. Muchos machistas dicen que una mujer no puede ser un líder efectivo porque _____.
10. Muchos hombres no quieren demostrar sentimentalismo porque _____.

C. *¿Está de acuerdo con las siguientes afirmaciones? Explique sus razones con claridad.*

1. En muchas sociedades la mujer no está bien preparada para ser líder.
2. El varón es más agresivo y violento que la hembra.
3. La hembra es más atractiva que el varón de la misma especie.
4. Cada sexo desempeña distintos papeles en la vida.
5. El que siente alguna inferioridad trata de proclamar su superioridad.
6. Muchos hombres quieren que las mujeres se sientan inferiores.

DESAFÍO DE PALABRAS

Busque la palabra del segundo grupo que mejor defina o describa las del primero. Tenga en cuenta que en dos casos tendrá que buscar el opuesto.

género	hembra	varón
desempeñar	carecer	proteger
atrevido	poseer	semejante
sensatamente	empujar	flaqueza
generoso	dirigir	batalla
macho	enfadarse	estorbar
opuesto	liberal	discutir
sencillo	demostrar	tolerar
complacer	iniciar	padecer
añadir	marido	reposar
precipicio	completo	equilibrio

lucha	examinar	comenzar
sufrir	esposo	molestar
descansar	conservador *(op.)*	entero
mujer	faltar	debilidad
hacer	tacaño *(op.)*	simple
borde	satisfacer	agregar
tipo	hombre	aguantar
defender	corajudo	razonablemente
contrario	masculino	enojarse
conducir	similar	motivar
argumentar	estabilidad	tener

CAPÍTULO 2

LA POBREZA

▼▼▼

¿Qué es la pobreza?

La pobreza es la cualidad o el estado de una persona que tiene poco dinero, o nada de dinero, y carece de las cosas y los elementos necesarios para poder vivir con seguridad física, mental y espiritual. Nadie quiere ser pobre; todos queremos tener dinero.

Los desamparados son aquellas personas pobres que no tienen una casa donde vivir, que duermen bajo un puente o sobre el banco de un parque. Estas personas no tienen trabajo, o mejor dicho, no trabajan. ¿De qué viven? ¿Cómo obtienen los alimentos indispensables para subsistir? Si no comen, se mueren de hambre.

El desempleo es, quizás, la causa principal para que exista o se produzca la pobreza. Si una persona no trabaja no recibe dinero, salvo los casos de aquellos que han nacido ricos, han ganado una lotería o han heredado una fortuna. En términos generales, si no trabajamos no tenemos dinero y si no tenemos dinero no podemos comprar o adquirir las cosas que son indispensables para nuestro sustento, y caemos en estado de pobreza.

Sin embargo, ¿hay realmente pobreza en los Estados Unidos, que es el país más rico del mundo? Parece que sí. Pero, ¿está justificada? ¿Es real o ficticia? ¿Es solamente un producto de ecuaciones matemáticas que nos hablan de un porcentaje de desempleo en la nación? Analicemos un poco este tema.

PREGUNTAS

1. ¿Cuál es su concepto de la pobreza?
2. Si conoce a alguna persona pobre, explique los posibles motivos de su pobreza. Si no conoce a nadie que sea pobre, ¿cómo lo explica?
3. ¿Por qué hay algunas naciones africanas donde la pobreza es muy grande?
4. En los Estados Unidos, ¿qué estados pueden considerarse pobres?
5. ¿Cómo resolvería el problema de la pobreza?

El desempleo o falta de trabajo

Hemos dicho que uno de los factores que dan lugar a la pobreza es el desempleo o falta de trabajo. La tasa de desempleo en los Estados Unidos es una de las más bajas del mundo; casi siempre oscila entre el 5% y el 7%. Esto quiere decir que hay millones de personas que no tienen trabajo. Estas personas, generalmente, reciben una ayuda económica por parte de los gobiernos estatales y federal de la Unión durante los primeros meses de desempleo.

Las causas que motivan el desempleo pueden variar. Tal vez una de las más graves sea el cierre de compañías o empresas industriales, mercantiles o comerciales, como por ejemplo compañías de aviación, fábricas de automóviles, cadenas de tiendas, etc. El cese de actividades de esas entidades produce, casi siempre, que las personas que trabajan en ellas queden sin empleo.

¿Qué hacen todos estos hombres y mujeres que de la noche a la mañana se ven sin los ingresos monetarios para seguir viviendo como lo venían haciendo hasta el momento? Se convierten en desempleados y pasan a engrosar la llamada tasa de desempleo que se da a conocer por las agencias gubernamentales.

¿Cuánto tiempo permanecen sin trabajo estas personas? Algunas piensan que en este país la persona que no trabaja es porque no quiere, y que si abrimos un periódico de cualquier ciudad, grande o pequeña, de los Estados Unidos, y buscamos las páginas de los anuncios clasificados encontraremos decenas de ofertas de trabajo. Tal vez un piloto de aviación no encuentre inmediatamente una posición como tal en otra compañía, pero si realmente quiere trabajar para no convertirse en carga pública puede aceptar otro trabajo.

PREGUNTAS ————————————————————————

1. ¿Qué experiencias de trabajo ha tenido usted?
2. ¿Qué opina del programa de ayuda a los desempleados?
3. ¿Cuál es su opinión sobre las oportunidades de trabajo en los Estados Unidos?
4. ¿Qué proyectos o ideas tiene para llegar a tener más dinero?
5. En su opinión, ¿por qué muchas personas de otros países quieren venir a trabajar a los Estados Unidos?

Los pobres de los Estados Unidos

Estados Unidos de América es la nación más rica y poderosa del mundo. Como tal, podríamos considerar que no hay pobreza en este país. Sin embargo, esta conclusión no es correcta ni verdadera ya que un 10% de la población vive bajo la categoría de "pobres": sus ingresos no superan la suma de seis mil dólares per cápita. Un gran número de estas personas tienen más de sesenta años de edad, ya no trabajan y no reciben ninguna pensión, o una pensión muy baja. Otros grupos están formados por los niños y adolescentes y los extranjeros que, por alguna razón, se convierten en carga pública.

Los programas gubernamentales de ayuda a los pobres les cuestan a los contribuyentes miles de millones de dólares. Uno de los programas más costosos es el de asistencia médica, conocido con el nombre de *Medicaid*, que es un suplemento de ayuda médica que se les da a las personas que no tienen seguro médico de ninguna clase o que teniéndolo, no es suficiente para cubrir todas las necesidades. Otro de alto costo es el de Cupones de Alimentos (*food stamps*), que igualmente es costosísimo.

No creo que los pobres de Somalia o de Etiopía sean iguales que los pobres de los Estados Unidos de América, de esta nación donde vivimos que muchos la consideran la más rica y poderosa de la Tierra. ¿Hay muchos pobres en nuestro país? El estado de pobreza en los Estados Unidos es muy relativo pues un americano pobre tal vez no lo sería en Zaire o en Somalia. Es posible que aquí una familia pobre posea un automóvil y en su casa tenga más de un televisor, y es casi seguro que dispongan de un refrigerador y hasta de un teléfono.

¿Son, pues, realmente pobres, muchos de estos pobres? En países como Etiopía, Somalia, Bolivia, Paraguay sí hay pobres, niños desnutridos, familias viviendo en miserables chozas, en horrible promiscuidad, con piso de tierra, sin agua potable, sin electricidad, sin asistencia médica, pasando hambre, frío, sin ropas ni medicinas, sin escuelas, en fin, gente pobre, pobre de verdad, olvidados del mundo y, como muchos dicen, olvidados hasta de Dios.

PREGUNTAS

1. Si los Estados Unidos es el país más rico del mundo, ¿por qué hay pobreza?
2. ¿Qué dificultades hay en los Estados Unidos para encontrar trabajo?
3. En su opinión, ¿por qué hay más pobreza, por ejemplo, en el estado de Alabama que en el estado de la Florida?
4. ¿Cree usted que el pobre de los Estados Unidos lo es porque quiere serlo? Explique su criterio.
5. ¿Cuál es el estado más pobre de los Estados Unidos y por qué?

V·O·C·A·B·U·L·A·R·I·O

agarrar   tomar fuertemente con las manos

anuncios clasificados   sección del periódico donde se ofrecen empleos

cadena   conjunto o serie de dependencias iguales

carga pública   persona que tiene que ser sustentada por el gobierno

cesar   terminar

cese   acción de cesar

choza   casa tosca y pobre

cierre   (*fig*). acción de concluir o terminar

como tal   consecuentemente

desamparado   persona abandonada, sin protección

desnutrido   sin nutrición, anémico, débil

engrosar   aumentar

falta   carencia

ingresos   ganancias, dinero

oscilar   fluctuar, variar

piso de tierra   superficie sin pavimento

por ende   por tanto, consecuentemente

salvo   excepto

subsistir   vivir, mantener la vida

tasa   promedio, porcentaje relativo

REPASO GRAMATICAL

3. Los adjetivos posesivos

Los adjetivos posesivos que existen en español son **mi** o **mío**, **tu** o **tuyo**, **su** o **suyo**, **nuestro** y **vuestro**. Concuerdan en género y número con el nombre que modifican y no con el poseedor. Pueden usarse antes o después del nombre al que se refieren. Las formas más usadas son **mi**, **tu** y **su**, que solamente se usan antes o después del nombre, mientras que **mío**, **tuyo** y **suyo** se usan después.

   Mi opinión sobre la pobreza es relativa.

   Nuestra nación es muy rica.

   Tus padres trabajan en una oficina federal.

   Los americanos respetan **sus** instituciones democráticas.

   El uso de los adjetivos posesivos después del nombre tiene más bien un motivo enfático, y todos ellos pueden tener formas femeninas y plurales que concuerden con el nombre.

El arquitecto es amigo **mío**.

La pobreza **tuya** es enorme.

Los hermanos **nuestros** no tienen trabajo.

Los criterios **suyos** sobre la pobreza no me convencen.

También, en algunos casos, es posible usar esta forma antes o después del verbo **ser**.

La culpa es **tuya**.

Tuya es la culpa.

Debido a que el pronombre posesivo **su** o **suyo** no determina con precisión al poseedor (pues puede referirse a **él**, a **ellos**, a **ella**, a **ellas**, a **usted** o a **ustedes**) en frases u oraciones aisladas en que el contexto no clarifica a quién se refiere, se usa entonces la frase preposicional **de él**, **de ella**, **de Juan**, **de los pobres**, etc., en lugar del adjetivo posesivo.

El infortunio **suyo** es enorme. (de Pedro)

El infortunio **de Pedro** es enorme.

EJERCICIOS

A. Cambie las siguientes oraciones, colocando los adjetivos posesivos antes del nombre.

Modelo: La pobreza **tuya** es grande.
  Tu pobreza es grande.

1. El porcentaje de desempleo **nuestro** es pequeño. 2. Las opiniones **mías** son difíciles de entender. 3. La capacidad de trabajo **tuya** fue extraordinaria. 4. Los pobres siguen con la miserable vida **suya**. 5. Los esfuerzos **nuestros** se vieron realizados. 6. Todo el mundo compartió el criterio **tuyo**. 7. El objetivo **mío** es ayudar a los pobres. 8. Los esfuerzos del Presidente y los hombres **suyos** son muy importantes. 9. El Gobernador y la esposa **suya** trabajan en favor de los desamparados. 10. La decisión **nuestra** hizo posible el triunfo.

B. Sustituya el adjetivo posesivo utilizado en las siguientes oraciones, por la frase preposicional dada entre paréntesis, a fin de clarificar quién es el poseedor.

Modelo: **Su** decisión hizo posible el triunfo (de Pedro).
  La decisión **de Pedro** hizo posible el triunfo.

1. El trabajo **suyo** es muy bueno. (de ella).   **2. Su** deseo de superación es muy importante. (del hombre).   **3. Sus** hombres cooperaron en la empresa. (del Presidente).   **4. Su** opinión sobre la pobreza es muy interesante. (de usted).   **5.** El Congreso **suyo** aprobó la ayuda a los desempleados. (de los Estados Unidos).   **6.** Todo el mundo compartió **su** criterio. (de los Congresistas).   **7. Su** programa es bueno para los pobres. (del Presidente).   **8.** No me gusta **su** miserable vida. (de los pobres).   **9. Su** grupo discutió con mucha calma. (de los trabajadores).   **10. Su** alto costo es muy criticable. (del programa).

EJERCICIOS DE VOCABULARIO

A. Complete con una palabra lógica y correcta.

1. La persona que tiene poco dinero es _____.
2. Los _____ son los que no tienen trabajo.
3. El _____ de Nuevo México es uno de los más _____ de la nación.
4. Estados Unidos es el _____ más rico del mundo.
5. Una persona abandonada y sin protección es un _____.

B. Complete con una idea lógica.

1. El programa de ayuda a los desempleados es bueno porque _____.
2. Los anuncios clasificados de los periódicos ofrecen oportunidades de trabajo, pero no siempre encontramos _____.
3. Hay muchos ricos en esta nación, pero también _____.
4. Los pobres de los Estados Unidos no son tan pobres como _____.
5. El programa de asistencia médica es bueno, pero _____.

C. ¿Está de acuerdo con las siguientes afirmaciones? Explique sus razones con claridad.

1. La tasa de desempleo en los Estados Unidos es baja.
2. El programa de ayuda a los desamparados es ineficiente.
3. El mejor medio de encontrar trabajo es leer los anuncios clasificados.
4. La pobreza es un mal que existe en todo el mundo.
5. En los Estados Unidos el que no trabaja es porque no quiere.

DESAFÍO DE PALABRAS ────────────────────

Complete lógicamente usando las palabras que figuran más abajo.

1. El que no come por mucho tiempo puede morirse de _____.
2. El desempleo es la _____ del trabajo.
3. El que no tiene posesiones no _____ nada.
4. La _____ es el estado de ser pobre.
5. La _____ de desempleo es casi del 7 por ciento.
6. Los desempleados pueden recibir ayuda federal y _____.
7. El _____ de una empresa grande causa mucho desempleo.
8. Los _____ clasificados siempre tienen decenas de ofertas de trabajo.
9. La pobreza es _____ porque un pobre de los Estados Unidos viviría bastante bien en otro país.
10. Muchos pobres viven en _____ sin ventanas y puertas.
11. Hay muchos niños _____ que pueden enfermarse fácilmente.
12. En otros países el número de desempleados _____ entre el 15 y el 20 por ciento.

oscila	chozas	relativa
hambre	posee	cierre
estatal	falta	anuncios
desnutridos	tasa	pobreza

CAPÍTULO 3

EL MATRIMONIO

▼▼▼

A casarse tocan

El estado perfecto del género humano es el de casado. ¿Debo casarme? ¿Cuál es la mejor edad para contraer matrimonio? ¿Cuando se es joven? ¿Cuando uno ya ha madurado y obtenido experiencia de la vida?

Algunas personas dicen que es mejor casarse joven, cuando uno está lleno de vigor, de salud, de energía, de ilusiones, de esperanzas, de ambiciones, porque así todo será más fácil, y hombre y mujer crearán una nueva familia, con hijos fuertes y sanos.

Otros dicen que no se casarán hasta que no cumplan los treinta años, pues antes quieren gozar y disfrutar de la juventud, de los mejores años de la vida. Ellos dicen: divirtámonos, bailemos, cantemos, riamos, despreocupémonos de las cosas serias; después, cuando nos sintamos un poco cansados y ya hayamos adquirido cierta experiencia, recién entonces nos casaremos.

No hay dudas de que existen ventajas y desventajas en esto de casarse joven o casarse maduro. Todos estamos de acuerdo en que el matrimonio es una cosa seria, y que debemos pensar cuál es el momento más oportuno para llevar a cabo este acto que, seguramente, habrá de cambiar por completo nuestras vidas.

También estamos seguros de que, tarde o temprano, debemos unirnos en lazo matrimonial. De una manera formal y responsable necesitamos iniciar la creación de una familia que, en fin de cuentas, es el fundamento de la convivencia entre los seres humanos, y que trae consigo la creación de una sociedad.

PREGUNTAS

1. ¿Piensa usted casarse joven o cuando haya adquirido cierta madurez?
2. ¿Por qué se dice que el estado de casado es el perfecto del género humano?
3. Si está casado, ¿a qué edad lo hizo? ¿Qué opina del matrimonio?
4. Si no está casado, ¿cuál es su opinión del matrimonio?
5. ¿Por qué el matrimonio es una cosa seria?

¿Casarme yo?

"¡Pa' su escopeta! ¿Casarme yo? ¿Y usted, qué dice? ¡Que no, señor!" Así canta un estribillo de una canción popular de hace ya muchos años.

No, de ninguna manera, bajo ninguna circunstancia contraigo matrimonio. No quiero estar atado a un contrato legal que va a limitar en alto grado mi libertad e independencia. Quiero ser libre como el águila que remonta el vuelo y asciende alto, hasta las más elevadas cumbres, siempre libre, libre, libre.

Esto no quiere decir que no amaré a una persona del sexo opuesto. Viviré con ella mientras estemos de acuerdo con las condiciones básicas y elementales necesarias para la convivencia humana. El día que por cualquier motivo o circunstancia dejemos de amarnos o discrepemos en algún aspecto fundamental, en ese mismo instante rompemos la unión, y cada cual por su lado. Ni yo le debo a ella, ni ella me debe a mí. Cada cual que seleccione el camino o la ruta que más le convenga o le guste. No tendré hijos, en fin de cuentas son un obstáculo para el buen vivir. Naturalmente, he de lograr una buena educación, y seré un profesional, tal vez médico, ingeniero o abogado. Una posición económica desahogada es necesaria para vivir plenamente. Además cuidaré mi cuerpo y mi salud porque sin ella no es posible gozar de los placeres y aventuras que ofrece la vida.

Sé que llegarán los años de la vejez y con ella las limitaciones en mis actividades, pero esto no me preocupa, ahora soy joven y el mundo es mío, y como el Don Juan de Tirso de Molina, digo: "¡Qué largo me lo fiáis!"

PREGUNTAS

1. ¿Qué entiende usted por el concepto del "amor libre"?

2. ¿Qué consecuencias traería para una sociedad si todos sus miembros practicaran el amor libre?

3. ¿Qué responsabilidades trae consigo el contrato de matrimonio?

4. ¿Qué significa la frase "¡Qué largo me lo fiáis!"? ¿Quién es Don Juan?

5. En realidad, ¿debemos casarnos o no? Explique su respuesta.

El divorcio

A través del divorcio se rompe el vínculo matrimonial que une a un hombre con una mujer. Esa unión es la base de la familia, y a su vez es la familia el cimiento sobre el cual descansa la sociedad. El divorcio es, entonces, un valor negativo dentro de la sociedad humana, puesto que tiende a destruir algo muy esencial para ella.

Sin embargo, la mayoría de las legislaciones del mundo entero han aceptado el divorcio como un mal menor, necesario para evitar males mayores. Si el matrimonio, y consecuentemente la familia, no logra los objetivos que le son sustanciales y, por el contrario, es fuente de discordia, de infidelidad, de sufrimientos, de malos ejemplos, es preferible la disolución a lo que en realidad no cumple su cometido.

El divorcio debe ser usado con mucho tacto y en los casos extremos, cuando no exista otra solución al conflicto. De ahí que en los países donde existe esta institución jurídica, se restrinja su uso y aplicación. Muchos hay que se oponen abiertamente al divorcio, y algunas religiones no lo aceptan.

Nada hemos dicho de las consecuencias que el divorcio trae cuando existen hijos en el matrimonio, de la situación a veces difícil en la que queda la mujer divorciada, de los efectos psicológicos que a todos los miembros de la familia —hombre, mujer e hijos— produce. Es importante meditar y discutir sobre este tema tan sensitivo.

PREGUNTAS

1. Aunque sea de valor negativo, ¿es necesario el divorcio? Explique su criterio.

2. ¿Por qué se divorcian tantas personas en los Estados Unidos?

3. La religión católica prohíbe el divorcio. ¿Qué opina usted?

4. ¿A quién afecta más el divorcio? ¿Al hombre, a la mujer, o a los hijos?

5. Si usted estuviera divorciado, ¿volvería a casarse? Explique su respuesta.

6. Si uno de los padres separados contrae un nuevo matrimonio, ¿sería un problema difícil para los hijos? ¿Por qué?

V·O·C·A·B·U·L·A·R·I·O

a casarse tocan haber llegado el momento de casarse

abogado persona que practica la profesión de las leyes

adquirir (ie) ganar, obtener

afrontar hacer frente a algo

atar unir con lazos fuertes

bodas ceremonias nupciales

camino lugar por donde se transita

cimiento base, fundamento

contraer adquirir u obtener algo, comprometerse a hacer algo

convenir ser de un mismo parecer u opinión

cumplir ejecutar una obligación

cumplir tantos años llegar a tal edad

deber obligación

desahogado tener más de lo necesario para vivir

despreocuparse no tener preocupación

discordia oposición de criterios, sin armonía

discrepancia diferencia, desigualdad

disfrutar gozar de las utilidades de alguna cosa

divertirse entretenerse, recrearse

en fin de cuentas expresión para introducir una declaración

escopeta arma de fuego similar al fusil o al rifle

fiar vender a crédito

gozar experimentar placer, alegría

lazo unión, vínculo

líos problemas

llevar a cabo hacer algo

lograr obtener, conseguir

pa' apócope de la preposición *para*

¡pa' su escopeta! exclamación popular que indica no convenir con lo dicho

pesar *(fig.)* evaluar las circunstancias de una cosa o situación

¡qué largo me lo fiáis! expresión exclamativa con que se muestra despreocupación de que llegue algo anunciado porque todavía está muy lejos

remontar elevar mucho el vuelo

restringir limitar, reducir

romper dividir una cosa, destruir total o parcialmente algo

tacto habilidad para conducir un asunto

tender impulsar o inclinar a moverse en cierta dirección

vejez cualidad de tener muchos años, etapa final de la vida

volar moverse por el aire

vuelo acción de volar

REPASO GRAMATICAL

4. La edad

Para expresar la edad en algunas cláusulas subordinadas, además de la forma **tener + el número de años**, se puede usar también la forma **a los + el número de años**. Esta última forma simplifica la oración y evita el uso del subjuntivo en los casos en que es necesario utilizar este modo verbal.

Se casará en cuanto tenga treinta años.

Se casará **a los treinta años.**

Se divorció cuando tenía cuarenta y cinco años.

Se divorció **a los cuarenta y cinco** (años).

EJERCICIO

Cambie las siguientes oraciones usando la forma indicada en los ejemplos anteriores:

1. Contraerá matrimonio cuando cumpla 25 años.   **2.** Tuvo su primer hijo cuando tenía 20 años.   **3.** Se divorció cuando tenía 50 años.   **4.** Celebrará sus bodas de plata cuando llegue a los 55 años.   **5.** Tuvo su primer amor cuando tenía 15 años.   **6.** Va a retirarse cuando cumpla 65 años.   **7.** Volvió a tener un hijo cuando tenía 50 años.   **8.** Se separó de su esposo cuando tenía 60 años.   **9.** Salió del estado de soltero cuando cumplió 23 años.   **10.** Se divirtió mucho cuando tenía 40 años.

5. El uso del subjuntivo en los mandatos colectivos

Para dar una orden o sugerir una acción en la que se incluye la persona que la da, se usa la forma del presente de subjuntivo en la primera persona plural (nosotros). También puede usarse la forma **vamos a + el infinitivo.**

Levantémonos	=	Vamos a levantarnos
Comamos	=	Vamos a comer
Hablemos	=	Vamos a hablar
Subamos	=	Vamos a subir
Hagámoslo	=	Vamos a hacerlo
Llamémoslos	=	Vamos a llamarlos

Recuerde que: a) cuando haya necesidad de usar pronombres objetos, se unirán a la forma verbal si el mandato es afirmativo; b) en los mandatos negativos, dichos pronombres objetos se antepondrán al verbo; y c) en los casos en que el verbo sea reflexivo, se omitirá la **s** final del verbo si el mandato es afirmativo; no así si es negativo.

Afirmativo	Negativo
Practiquémoslo	No lo practiquemos
Amémosla	No la amemos
Divorciémonos	No nos divorciemos

EJERCICIOS ────────────────────────────

A. Cambie a la forma del subjuntivo:

1. Vamos a contraer matrimonio.   2. Vamos a afrontar los líos.   3. Vamos a disfrutar de la vida.   4. Vamos a adquirir una educación.   5. Vamos a remontar vuelo.
6. Vamos a separarnos.   7. Vamos a gozar del buen tiempo.   8. Vamos a crear una familia con hijos fuertes y sanos.   9. Vamos a iniciarlo.   10. Vamos a empezarla.

B. Cambie a la forma negativa los siguientes mandatos:

1. Hablémosle en español.   2. Divorciémonos sin mutuo acuerdo.   3. Examinémoslo brevemente.   4. Hagámoslo el próximo año.   5. Casémonos este mes.   6. Afrontemos las consecuencias.   7. Contraigámosla con valor.   8. Cumplamos la decisión del abogado.
9. Reconozcamos nuestros errores.   10. Expliquémosle lo que sabemos.

6. El subjuntivo en cláusulas subordinadas con conjunciones adverbiales de tiempo

El uso del subjuntivo es necesario en las cláusulas subordinadas, después de conjunciones adverbiales de tiempo, en los casos en que la acción expresada en dicha cláusula subordinada sea de futuro o indeterminada en relación con la expresada en la cláusula principal.

Remontaré el vuelo **tan pronto como aprenda** a volar.

Le daré el dinero **cuando lo vea**.

Le hablaré **así que me devuelva** mi libertad.

No puedo hacer nada **mientras ella niegue** su culpabilidad.

Nos darán el divorcio **después de que firmemos**.

Lo tendrás **antes de que** lo **necesites**.

EJERCICIO

Complete las siguientes oraciones empleando la frase verbal entre paréntesis, haciendo uso del modo subjuntivo.

Modelo: No me casaré hasta que... (cumplir los treinta años)
                    No me casaré hasta que cumpla los treinta años.

1. No me casaré mientras no... (gozar de la vida).   **2.** Me casaré así que... (disfrutar de todo).   **3.** No tendremos hijos hasta que... (haberse divertido).   **4.** Me divorciaré así que... (sentirse cansado).   **5.** Contraeré matrimonio cuando... (encontrar a la mujer ideal). **6.** No llegarás a la plenitud mientras no... (contraer matrimonio).   **7.** Perfeccionarás tu matrimonio cuando... (tener hijos).   **8.** Te aconsejo que te cases cuando... (terminar tu educación).   **9.** Debes separarte de tu esposo tan pronto como... (saber que te es infiel). **10.** No llegarás a ser un Don Juan mientras no... (burlarse de una mujer).

EJERCICIOS DE VOCABULARIO

A. Complete con una palabra lógica y correcta.

1. Mi amigo piensa casarse a la _____ de veintidós.
2. Es mejor casarse joven, cuando uno está lleno de _____ y _____.
3. El matrimonio es un paso _____ que se debe tomar con mucho cuidado.
4. Hay muchos que quieren _____ de la vida antes de casarse.
5. Hay muchas ventajas y _____ en casarse joven.
6. Crear una familia es una tremenda _____ para una pareja.
7. Hay algunos que no quieren casarse porque quieren ser _____.
8. En realidad el matrimonio es un _____ legal que puede limitar nuestra libertad.
9. Se puede _____ un matrimonio a través del divorcio.
10. Algunas religiones no permiten la _____ de un matrimonio.
11. En algunos divorcios son los _____ que sufren más que los padres.

B. Complete con su propia idea.

1. Es mejor casarse joven porque _____.
2. Hay algunos que prefieren no casarse porque _____.
3. Aunque el divorcio sea de valor negativo, _____.
4. Es mejor divorciarse que _____.

C. *¿Está de acuerdo con las siguientes afirmaciones? Explique sus razones con claridad.*

1. El matrimonio es una mala experiencia pues el número de divorcios es demasiado alto.
2. El matrimonio es la única forma de crear una familia y una sociedad estable.
3. En la actualidad muchos jóvenes tienen hijos ilegítimos que son de valor negativo en la sociedad.
4. Es mejor no casarse si las razones para hacerlo son simplemente románticas.

DESAFÍO DE PALABRAS

Busque la palabra del segundo grupo que mejor defina o describa las del primero.

madurar	fuerte	oportuno
iniciar	fundamento	escopeta
atado	discrepar	seleccionar
ruta	obstáculo	lograr
placer	vínculo	esencial
evitar	jurídico	salvo

unido	alcanzar	base
camino	satisfacción	escoger
excepto	lazo	robusto
crecer	eludir	comenzar
fusil	barrera	legal
diferir	necesario	decisivo

CAPÍTULO 4

EL AÑO 2100

▼▼▼

Perspectiva optimista

Un estudiante de una universidad del sureste de los Estados Unidos acaba de terminar su última clase del día, y se apresta a pasar sus vacaciones de Semana Santa con sus padres, que viven en una ciudad de la costa del Pacífico. Sale para el aeropuerto local más cercano, y allí aborda un pequeño avión-cohete, de propulsión atómica, pilotado por control remoto, con capacidad para quinientos pasajeros, y que media hora más tarde aterrizará en una de las estaciones de la ciudad a donde se dirige. Partió de Miami, Florida, a las 4:00 P.M., y ha arribado a San Diego, California a la 1:30 de esa misma tarde. Maravilloso, ¿no? Pues esto no es nada. En poco tiempo más viajar a cualquier parte del planeta Tierra no tomará más de una hora. Un viaje de más preparación será ir a Marte o a Venus, donde el hombre ya ha comenzado a poblar estos planetas, que carecen de seres vivientes con raciocinio humano.

En nuestro planeta existe ahora una Confederación de Estados Mundiales, con un gobierno central en la ciudad de Nueva York, compuesto por representantes de las cinco Federaciones que integran la Tierra: América, Europa, Asia, África y Australia.

El fantasma de la guerra ha desaparecido. Reina la paz entre la humanidad. No hay más narcotráfico, pues a través de una campaña mundial el hombre se convenció de lo fatal que era el consumo de drogas. Al no existir el drogadicto, ¿a quién se le iba a vender la droga? ¡Hasta los mismos traficantes la dejaron! Ya hace años que se logró exterminar el monstruo del cáncer, y SIDA ya no es un problema, pues se descubrió una vacuna que destruye el virus. La vida se ha prolongado hasta los 125 años, como promedio. Se ha descubierto en la Luna (que es un cuerpo muerto) una sustancia que ha hecho posible la prolongación de la vida humana. ¡Paradojas!

La energía nuclear mueve al mundo. La automatización rige casi toda la actividad del hombre. Se trabajan dos días a la semana y se descansan cinco, aparte de tres meses de vacaciones que se disfrutan durante el año. Los barberos desaparecieron, pues al hombre apenas le sale pelo en la cabeza y en la cara. Sin embargo, aún no hemos podido librarnos del catarro.

PREGUNTAS ───────────────────────────────────────

1. ¿Tiene una idea optimista del futuro? ¿Por qué?
2. ¿Qué nuevos inventos imagina?
3. ¿Cree en la conquista de otros mundos por el hombre?
4. ¿Espera que algún día se logre exterminar el cáncer y el SIDA? Explique sus razones.
5. ¿Estima posible la prolongación de la vida hasta los 150 años de edad? Razone su respuesta.
6. ¿Cree en la posibilidad de trabajar sólo dos días por semana y descansar cinco? ¿Por qué?

Perspectiva pesimista

Todavía podrían encontrarse en las que fueron impenetrables selvas de la región amazónica, en pequeñas porciones de la tierra calcinada, restos aún humeantes de la conflagración que arrasó con la civilización y que casi termina por completo con la especie humana.

Hace cincuenta años, en el 2050, sin que se conozca con certeza cómo, estallaron potentes bombas de hidrógeno en las principales ciudades del mundo: Nueva York, Londres, Moscú, París, Roma, Madrid, Río de Janeiro, Ciudad de México, Tokio, Hong Kong, y cientos de ciudades más fueron arrasadas, muriendo todos sus habitantes.

Se produjo una reacción en cadena que envolvió toda la periferia de la Tierra, y las radiaciones llegaron a los más apartados rincones del planeta, que se convirtió en una hoguera. Desapareció casi por completo la vida animal y vegetal y, asimismo, el género humano. Y decimos casi por completo porque por designios, misterios, o fuerzas omnipotentes, dos o tres pequeños núcleos de seres humanos lograron sobrevivir a este cataclismo, conjuntamente con algunos animales y plantas.

En lugares muy difíciles de llegar, como las altas montañas de los Andes, del Tíbet y de Alaska, un grupo reducido de naturales de esas regiones, que el día trágico se encontraban en sus quehaceres habituales, oyeron y vieron con espanto indescriptible cómo se elevaban los gigantescos hongos, y se refugiaron, con sus mujeres y niños, en cuevas y cavernas cercanas. Más de tres días estuvieron agazapados en lo más profundo de estas cuevas, sin ingerir alimento alguno y sin atreverse a salir. Esto fue lo que los salvó, salvándose así la humanidad.

Hoy, en el 2100, la Tierra aún conserva un aspecto desolador, trágico, aunque ya en algunas regiones del globo comienza a aparecer una rudimentaria vida vegetal, y pequeños animalillos se ven correr, de una a otra roca, mientras que los hombres sobrevivientes de la catástrofe, e ignorantes de lo que realmente sucedió, prosiguen su vida rudimentaria y natural, que prácticamente era la que habían conocido siempre.

¿Volverá otra vez el hombre a alcanzar un grado de civilización semejante al que existía antes del cataclismo? Es casi seguro que sí. En los millones de años de vida de la Tierra, ¿quién puede asegurar que algo parecido no haya sucedido anteriormente?

PREGUNTAS

1. ¿Tiene una idea pesimista del futuro? ¿Por qué?
2. ¿Qué peligros advierte en el presente y qué augura para el futuro?
3. ¿Cree que se termine la civilización y el hombre vuelva a su vida primitiva? ¿Por qué?
4. ¿Estima posible que desaparezca la especie humana? Explique sus razones.
5. ¿Podría evitarse la catástrofe? ¿Cómo?

V·O·C·A·B·U·L·A·R·I·O

agazaparse   encoger el cuerpo o ponerse detrás de algo para ocultarse

apenas   casi no, por poco no

aprestarse   hacer lo necesario para iniciar algo

arrasar   arruinar, destruir

aterrizar   descender a la Tierra

augurar   adivinar, pronosticar

calcinar   reducir la materia a polvo o ceniza por medio del calor

catarro   resfriado, enfermedad común y ligera

componer   formar una unidad de partes

conjuntamente   unidamente, al mismo tiempo

consumo   ingerir alguna sustancia como alimentos, bebidas o drogas

designio   plan, pensamiento

desolador   destruido, devastado, arruinado

despavorido   aterrorizado

divisar   ver, percibir

embarcar   salir de un lugar en un vehículo

espanto   terror, miedo

estallar   empezar u ocurrir violentamente

hoguera   materia combustible que encendida levanta llama o fuego

hongo   (véase vocabulario español-inglés)

humeante   que arroja humo, forma gaseosa de combustión incompleta

ingerir (ie, i)   introducir algo en otra cosa, beber, tomar

integrar   componer, formar algo de partes

lograr   alcanzar, obtener

paradoja   contradicción, dos extremos

periferia   circunferencia

poblar (ue)   fundar un pueblo o una población

promedio   punto medio

quehacer   ocupación, deber

raciocinio   razonamiento

reacción en cadena   una serie de acciones empezada por una de ellas

regir (i)   mandar, gobernar, dirigir

reinar   regir, gobernar un reino

rincón   ángulo, el punto donde se encuentran dos paredes

sobrevivir   vivir uno después de la muerte de otro u otros

sustancia, substancia   jugo o cosa que se extrae de otra materia

viviente   que vive, que existe

REPASO GRAMATICAL

7. Uso del subjuntivo con la conjunción *sin que*

En las cláusulas subordinadas introducidas por la conjunción **sin que** se usa siempre el subjuntivo, ya que indica una acción negativa, es decir, una acción que nunca se lleva a efecto.

> Estalló una guerra, **sin que se conozca** cómo se inició.
>
> El joven partió de San Agustín **sin que** su familia lo **supiera.**
>
> Los indios se agazaparon **sin que se atrevieran** a salir.

EJERCICIOS

A. Forme oraciones combinando las dos ideas que se dan, y uniéndolas a través del uso de la conjunción **sin que**:

> Modelo: Los indios vieron los hongos. No sabían lo que pasaba.
>   Los indios vieron los hongos **sin que** supieran lo que pasaba.

1. Los fuegos devastaron la Tierra. No quedó ningún ser viviente.   2. Los científicos siguen sus investigaciones. No pueden eliminar el cáncer.   3. Han descubierto una sustancia en la Luna. No conocen su composición.   4. El hombre viaja más. No tiene que gastar mucho dinero.   5. La energía nuclear domina. No existe peligro para la humanidad.

B. Cambie las siguientes oraciones al tiempo pasado, según el modelo:

> Modelo: Él **partirá** de aquí sin que nadie lo **sepa.**
>   Él **partió** de aquí sin que nadie lo **supiera.**

1. **Estallará** una guerra sin que lo **sepamos.**   2. Las ciudades **serán** arrasadas sin que nadie **sobreviva.**   3. **Existe** una confederación de estados sin que ninguno de ellos **predomine.**   4. Los drogadictos **desaparecerán** sin que lo **notemos.**   5. La energía nuclear **domina** sin que **estalle** una guerra.   6. El avión-cohete **vuela** sin que nadie lo **pilotee.**   7. La **vida se prolonga** sin que se **extermine** el cáncer.   8. Se **produce** una reacción en cadena sin que nadie **pueda** evitarla.   9. **Sucederá** una catástrofe sin que se conozca su origen.   10. Será fácil viajar sin que se pierda mucho tiempo.

8. Uso de la voz activa con forma verbal reflexiva, en vez de la voz pasiva

La voz pasiva, en español, no se usa con tanta amplitud como en inglés. En los casos de uso de la voz pasiva en inglés, en que el agente de la acción no se expresa y el sujeto es una cosa, como por ejemplo en la oración *A substance has been discovered in the moon*, se prefiere en español el uso de la voz activa con forma verbal reflexiva. Obviamente, en estos casos, siendo el sujeto una cosa, singular o plural, siempre se usará la tercera persona, a la que corresponde el pronombre reflexivo **se**. Peculiaridad de esta construcción es que regularmente el sujeto se expresa después de la forma verbal. La oración inglesa dada como ejemplo en voz pasiva se diría en español:

Se ha descubierto una sustancia en la Luna.

en vez de

Una sustancia ha sido descubierta en la Luna.

He aquí dos ejemplos más sobre este punto. En español no diríamos:

Una reacción en cadena será producida.

sino que diremos

Se producirá una reacción en cadena.

Tampoco diríamos:

Unos gigantescos hongos fueron elevados.

sino que diremos

Se elevaron unos gigantescos hongos.

EJERCICIOS

A. Tomando en consideración lo antes expuesto, cambie a la voz activa, forma verbal reflexiva, las siguientes oraciones que, regularmente, no usaríamos en voz pasiva:

1. Colonias en los planetas han sido establecidas. 2. La vida ha sido prolongada. 3. Una federación fue establecida. 4. Dos días a la semana son trabajados. 5. Cinco días a la semana serán descansados. 6. Todas las enfermedades serán exterminadas. 7. El planeta fue convertido en una hoguera total. 8. La humanidad fue salvada. 9. Potentes bombas de hidrógeno fueron estalladas. 10. Tres meses de vacaciones son disfrutados.

B. Cambie las siguientes oraciones del singular al plural, o viceversa, según el caso:

Modelos: Se **produjo** una catástrofe.
                  Se **produjeron** unas catástrofes.

                  Se **formarán** unas federaciones.
                  Se **formará** una federación.

1. Se exterminará el monstruo del cáncer y del SIDA.   **2.** Se poblarán los planetas.
3. Se ha establecido una colonia en la Luna.   **4.** Se arrasaron las ciudades.   **5.** Se vio el hongo.   **6.** Se arrojaron bombas de hidrógeno.   **7.** Se prolongarán las vidas hasta los 125 años.   **8.** Se pilotea el avión por control remoto.   **9.** No se convertirá la ciudad en una hoguera.   **10.** No se oyeron las bombas atómicas.

EJERCICIOS DE VOCABULARIO

A. Complete con una palabra lógica y correcta.

1. Hay pocos aviones que se pilotean por control _____ .

2. Soy optimista; tengo una _____ positiva.

3. Se necesita una vacuna para destruir el _____ que causa el SIDA.

4. Podemos _____ nuesta vida si cuidamos la salud.

5. Una guerra nuclear puede _____ con una civilización.

6. El Concorde es un avión supersónico pero tiene una capacidad reducida de _____ .

7. Después de una guerra nuclear nuestro planeta podrá tener un aspecto _____ .

8. Sólo ocho pasajeros pudieron _____ el choque desastroso.

9. Los aborígenes de las montañas prosiguen una vida _____ como antes.

B. Complete con su propia idea.

1. Es mejor casarse joven porque _____ .

2. En el futuro podremos prolongar la vida humana porque _____ .

3. El espectro de una guerra nuclear podrá arrasar con nuestra civilización pero mucha gente _____ .

4. Aunque el ser humano es capaz de destruir todo lo que ha creado, _____ .

C. *¿Está de acuerdo con las siguientes afirmaciones? Explique sus razones con claridad.*

1. En pocos años habrá un cataclismo que destruirá la vida de este planeta.
2. En diez o quince años la vida humana se prolongará porque habremos descubierto las curas para el cáncer y el SIDA.
3. La vida será más fácil y eficiente en el futuro porque usaremos más energía nuclear.
4. Los avances de ciencia harán la vida más fácil y cómoda en el futuro pero mucha gente sufrirá por las guerras locales.

DESAFÍO DE PALABRAS

Busque la palabra del segundo grupo que mejor defina o describa las del primero.

arribar	atómico	regir *rule*
catarro *cold*	ingerir *swallow*	espanto
sobrevivir *survive*	arrasar *level*	quehacer *chores*
lograr	designio	partir
compuesto *componnel*	droga	prolongar
porción	iniciar	apartado
asimismo	alimento	rudimentario
cataclismo	suceder	elevar

alcanzar	narcótico	miedo
parte	no morir	básico
salir	comida	levantar
desastre	ocurrir	llegar
resfriado	comenzar	también
nuclear	destruir	lejano
extender	integrado	trabajo
tomar	pensamiento	reinar

CAPÍTULO 5

¿EXISTE UN SER SUPREMO?

▼▼▼

Creo en Dios

Llámenlo como quieran —Dios, Alá, Jehová, Ser Supremo, Nuestro Padre o Creador—, pero tienen que admitir su existencia, como se ha hecho desde que el primer ser humano comenzó a pensar y a razonar. Las múltiples pruebas son obvias. Los ateos tratan de hacernos pensar que nuestras creencias son supersticiones ignorantes, sin base científica, pero la vasta mayoría de la raza humana sigue creyendo en un ser supremo, como hicieron nuestros antecesores.

Los supuestos ateos, engañados por la ciencia, aseveran que el concepto del ser supremo es simplemente producto de la ignorancia de los primeros seres humanos y que nunca se ha podido demostrar científicamente la existencia de Dios, ni del cielo, ni de una vida después de la muerte. Explican la existencia del universo por medio de una teoría que algunos llaman "el gran estallido", diciendo que los primeros átomos desarrollaron con el tiempo, hace ya millones y millones de años, el universo que hoy se conoce. No explican qué causó esa explosión. Dicen que fue algo espontáneo. ¡Fácil respuesta, pero poco científica! Simplemente ignoran el orden y la belleza de nuestro mundo. Los ciclos de la naturaleza no les dicen nada a estos individuos.

Tampoco quieren aceptar el concepto de que cada cosa tiene un principio. La vida humana, según ellos, no vino de un ser amante y creador, sino de un estallido en el espacio negro. ¿De dónde vino el espacio y qué causó el estallido? Pues, es muy fácil según ellos, porque siempre hubo ese espacio y el estallido fue un accidente. ¿Quiénes son los supersticiosos ahora? Nos hablan con gran arrogancia y olvidan que cada cultura, en todas partes de este planeta, ha tenido la misma creencia fundamental de que ha habido una fuerza superior, que por su profundo y eterno amor ha querido compartir vida con nosotros. Somos nosotros, los creyentes en Dios, los que tenemos la lógica a nuestro lado. Los miles de millones de personas de todos los rincones del planeta no pueden ser tan ignorantes ni pueden estar tan engañados como creen nuestros hermanos ateos. El día final, aun ellos verán la luz verídica y, como el ciego que recobra la vista, ese día admitirán su lamentable error.

Nosotros creemos en Dios, y esta creencia es, sobre todo, producto de la fe. Vemos a Dios en todos los actos de nuestras vidas, sencillamente porque creemos en Él. Nosotros no decimos ver para creer sino creer para ver. Los que no ven a Dios es porque no creen en Él.

PREGUNTAS

1. ¿Cree usted en la existencia de un ser supremo? ¿Por qué?
2. Si cree en Dios, ¿cómo prueba su existencia?
3. ¿Es ateo? ¿Por qué?
4. ¿Cuál es su opinión de la Biblia?
5. ¿Es usted un religioso activo? ¿Asiste a la iglesia o al templo con regularidad?
6. ¿Qué piensa de la existencia de más de un dios?
7. ¿Cuál es su teoría de la creación del universo?

Dios no existe

Ha habido miles de supersticiones y creencias primitivas durante el transcurso del género humano, pero ninguna ha persistido tan fuertemente en los creyentes como la de Dios, el Ser Supremo. (Ni siquiera pueden concebir en que este ser sea "la Madre" de todo).

¿Por qué no podemos dejar este primitivismo anticuado? La respuesta es tan sencilla como la razón de su existencia: algunos necesitan a ese viejo barbudo que está sentado en una nube. La necesidad lo creó. ¿No ven la ironía? No fue Dios quien nos creó, sino nosotros quienes lo creamos a Él. ¿Qué evidencia tenemos para comprobar su existencia? Primero (tomando como ejemplo la creencia cristiana) veamos el libro sagrado, la Biblia, el mismo libro que dice que nuestros primeros padres tuvieron dos hijos, Caín y Abel. ¿Cómo se propagó la especie humana? Nunca se mencionan las esposas de los primeros hermanos. ¿Y qué pasa cuando se quiere refutar la Biblia y señalar sus inconstancias? Los creyentes nos llaman ateos, blasfemos, infieles y monstruos. Son ciegos que no pueden aceptar la realidad; prefieren seguir viviendo en las tinieblas que ver la luz de la verdad.

Los creyentes hablan de los milagros de Jesús o de Mahoma, y de sus santos y profetas; los mismos milagros que han mantenido generación tras generación, por una fe constante y admirable. Lástima que se base en una ignorancia abominable.

Los creyentes nos dicen que su Dios es el padre bondadoso, benévolo, todo amor. ¡Que se lo digan a la gente que sólo ha conocido pena, sufrimiento, castigo, frustración y crueldad en su vida! Imaginen: ellos pueden creer en un padre bondadoso que atormenta a algunos de sus hijos, justificándolo con la promesa de una vida perfecta en otro mundo que nadie ha visto o conocido. ¿Quién ha vuelto de ese mundo para comprobar que de veras existe? Nadie.

No puedo llegar a entender por qué no se puede destruir la leyenda de Dios para siempre, y usar esa energía y esa fe para resolver los problemas de este planeta. No sé cómo pueden estos "hijos de Dios" decirle a un miserable desgraciado que debe aguantar su vida intolerable porque algún día gozará de una vida perfecta en el "más allá". ¿Es ésa su solución para los desamparados? ¿Prometerles "algo", "algún día"? ¡Qué mentira! ¡Qué engaño!

PREGUNTAS

1. ¿Conoce usted a alguna persona atea? ¿Qué opinión tiene de ella?
2. ¿Cómo explica que la gran mayoría de los humanos creen en la existencia de un ser supremo?
3. ¿Usted solamente cree en lo que ve? Explique su respuesta.
4. ¿Todo lo que existe se puede ver?, ¿o hay cosas que no se ven pero tenemos la certeza de que existen? Razone su respuesta.
5. ¿Por qué son ateos los comunistas? ¿Niegan la existencia de Dios?
6. ¿Cree usted que solamente somos materia o que existe también un espíritu? Explique su respuesta.
7. ¿Cree que exista otra vida más allá de la muerte? ¿Por qué?
8. El agnosticismo es una doctrina filosófica que dice que todo lo absoluto es incomprensible. ¿Qué piensa de ello?

V·O·C·A·B·U·L·A·R·I·O

aguantar   tolerar, sufrir

aseverar   afirmar

barbudo   persona con pelo largo en la cara, *(fig.)* Dios

bondadoso   generoso, benévolo

castigo   pena que se impone por alguna falta

ciego   que no ve

cielo   *(relig.)* mansión donde se goza de la presencia de Dios

engaño   falsedad, contrario a la verdad

gozar   disfrutar

mentira   que no es verdad

nube   masa de vapor de agua suspendida en la atmósfera

tiniebla   oscuridad

vasta   extensa

verídico   verdadero

REPASO GRAMATICAL

9. Uso de la conjunción *sino*

La conjunción **sino** se usa en lugar de **pero** cuando la primera parte de la oración es negativa y la continuación da la información que se estima es la correcta y positiva.

> La vida no viene de un estallido **sino** de Dios.
>
> No fue Dios quien nos creó **sino** nosotros quienes lo creamos.
>
> No somos hijos de la nada **sino** hijos de Dios.

EJERCICIO

Combine estas ideas usando la conjunción **sino,** *según el modelo:*

> Modelo: No eran ateos; eran creyentes.
>   No eran ateos **sino** creyentes.

1. La teoría del "gran estallido" no es razonable; ~~esta teoría es~~ fantástica.   2. Los comunistas no son religiosos; ~~ellos son~~ ateos.   3. La vida no termina con la muerte; ~~hay otra vida~~ en el cielo.   4. La existencia de Dios no es discutible; ~~su existencia es~~ irrebatible.   5. La gente buena no va al infierno; ~~ellos van~~ a la gloria.   6. Los musulmanes no creen en Jehová; ~~ellos creen~~ en Alá.   7. La mayoría de los chinos no son cristianos; ~~ellos son~~ budistas.   8. No todo lo que existe se puede ver; hay otras cosas que no se ven y existen.   9. Jehová no es un nombre latino; Jehová es un nombre hebreo.   10. El pueblo polaco no es ateo; el pueblo polaco es muy religioso.

10. El subjuntivo en cláusulas adjetivales

En los casos en que se necesita o se quiere hacer referencia a un antecedente (persona, cosa, lugar, etc.) indeterminado, indefinido, eventual o dudoso a través de una cláusula adjetival (que tiene función de adjetivo), se usa en español el modo subjuntivo. Asimismo si el antecedente es inexistente (que no existe), es correcto usar el subjuntivo. Pero si la referencia es a un sustantivo real o cierto, se usa el indicativo. He aquí unos ejemplos.

> Hay una religión que **acepta** esa teoría. (la religión existe)
>
> ¿Hay religión que **acepte** esa teoría? (no existe esa religión)
>
> No hay religión que **acepte** esa teoría. (la religión no existe)

Conozco a un hombre que **cree** esa superstición. (hablo de una persona real)

¿Conocen Uds. a alguien que **crea** esa superstición? (yo no sé si esa persona existe)

No conozco a nadie que **crea** esa superstición. (para mí esa persona no existe)

Las mismas referencias se pueden hacer en el tiempo pasado.

Había un científico que **pudo** explicar la teoría. (el científico existía)

¿Había un científico que **pudiera/pudiese** explicar la teoría? (no sé personalmente si existía)

No había científico que **pudiera/pudiese** explicar la teoría. (el científico no existía)

EJERCICIOS

A. *Escoja entre el indicativo o el subjuntivo, según sea correcto.*

1. Hay religiones que mantienen/mantengan esas creencias.
2. No hay nadie que seriamente dice/diga esa tontería.
3. Hay ateos que tienen/tengan muchas dudas.
4. Mi padre conocía a un sacerdote que dudaba/dudara muchas creencias cristianas.
5. ¿Tienes prueba de que Dios existe/exista?
6. Tengo una teoría que refuta/refute la suya.
7. Todos hablaban de un santo que hizo/hiciera milagros.
8. No sé si hay muchos creyentes que pueden/puedan aceptar esa teoría.
9. ¿Hay científico que mantiene/mantenga su posición?
10. Muchos aceptan una creencia que se basa/base en una superstición.
11. Muchos buscan una religión que es/sea más lógica.
12. Quiero hablar con un creyente que sabe/sepa más de la ciencia. (¡si hay uno!)
13. Voy a una iglesia que tiene/tenga sólo una estatua.
14. Los creyentes no tienen respuestas que me convencen/convenzan.
15. Hubo profetas que predijeron/predijeran un fin catastrófico.
16. La respuesta que nos dio/diera era muy clara.
17. Es imposible que ellos tengan evidencia que prueba/pruebe la existencia de Dios.
18. No hay nadie que entiende/entienda el "gran estadillo".
19. ¿Hay ateos que hablan/hablen sensatamente del Ser Supremo?
20. No creo que haya cristiano que admitirá/admita sus dudas religiosas.

B. *Complete las siguientes frases con los verbos que aparecen al final. Se debe usar cada verbo sólo una vez.*

1. Hay religiosos que *predicen* el fin del mundo en pocos años.
2. ¿Puede haber un Dios que nos *haga* sufrir tanto?
3. ¿Hay cristiano que *crea* en la teoría del "gran estallido"?
4. No conozco a nadie que *vaya* a la iglesia regularmente.
5. Hay pasajes en la Biblia que *explican* el papel de la ciencia.
6. Busco un científico que *pueda* explicar el "gran estallido".
7. Había muchos que *vieron* la aparición de Jesús.
8. Mi amiga necesita un libro que le *ayude* aclarar sus dudas.
9. ¿Conocen Uds. a alguien que *lea* la Biblia todos los días?
10. Quiero hablar con alguien que *haya vuelto* de la muerte.
11. El año pasado conocí a una persona que *vio* un milagro.
12. No creo que haya religión que *tenga* todas las respuestas.

vaya	vieron
lea	haya vuelto
vio	haga
tenga	ayude
predicen	explican
crea	pueda

C. *Conteste las siguientes preguntas primero en forma afirmativa y después con la expresión* **no sé si...** *según el modelo.*

Modelo: ¿Hay cristianos que **crean** en la reencarnación?
             Sí, hay cristianos que **creen** en la reencarnaición.
             No sé si hay cristianos que **crean** en la reencarnación.

1. ¿Hay religión que no tenga el concepto de la vida eterna?
2. ¿Hay creyentes que acepten la teoría del "gran estallido"?
3. ¿Hubo profeta que predijera el fin del mundo?
4. ¿Hay ateos que quieran discutir la existencia de Dios?
5. ¿Sus amigos tienen creencias que no entienda?
6. ¿Las religiones principales profesan creencias que Uds. no puedan aceptar?
7. ¿Los fieles dicen cosas que te hagan dudar de su sinceridad?
8. ¿Los fanáticos religiosos han hecho cosas que les hayan desilusionado a muchos creyentes?
9. ¿Había sacerdotes que tuviesen dudas religiosas?

10. ¿Conoce a alguien que acepte literalmente el Viejo Testamento?

11. ¿Ha leído pasajes en la Biblia que aparentemente se contradigan?

12. ¿Tiene dudas religiosas que nadie le haya podido aclarar?

EJERCICIOS DE VOCABULARIO

A. *Complete con una palabra lógica y correcta.*

1. El ateo no cree en la _____ de un ser supremo.

2. Mucha gente cree que el ser supremo es el _____ del universo.

3. Mucha gente dice que no se puede demostrar la existencia de Dios por razones _____.

4. Los creyentes dicen que los _____ de Jesús y los otros profetas y santos aprueban la existencia de un ser supremo.

5. Si Dios es _____ y bueno, ¿por qué hay tanto sufrimiento en esta vida?

6. Un _____ tiene fe completa en Dios.

7. Los creyentes creen que es muy _____ creer en Dios.

8. Los ateos dicen que la _____ creó la leyenda de un ser supremo.

9. El ateo no puede aceptar la existencia de Dios porque no tienen _____ científica.

B. *Complete con su propia opinión.*

1. Los ateos explican la existencia del universo con la teoría del "gran estallido" pero _____.

2. Los creyentes dicen que los ateos son blasfemos porque _____.

3. Los creyentes creen en la promesa de una vida después de la muerte porque _____.

4. Aunque mucha gente sufre en esta vida, los creyentes dicen que _____.

5. Para algunos es difícil creer en un ser supremo porque _____.

C. *¿Está de acuerdo con las siguientes afirmaciones? Explique sus razones con claridad.*

1. La Biblia no explica científicamente la existencia de Dios.

2. Mucha gente confunde sus creencias religiosas con algunas supersticiones.

3. La teoría del "gran estallido" no satisface a mucha gente porque es poco científica.

4. El ser supremo es poco bondadoso porque mucha gente vive en la miseria.

5. Las religiones son producto de la fértil imaginación del hombre.

DESAFÍO DE PALABRAS

Busque la palabra del segundo grupo que mejor defina o describa las del primero.

tinieblas	engaño	desamparado
benévolo	ironía	refutar
lamentable	estallido	verídico
principio	final	aseverar
aguantar	incontestable	gozar
triste	verdadero	tolerar
último	explosión	oscuridad
paradoja	sin respuesta	disfrutar
generoso	falsedad	afirmar
contradecir	infeliz	comienzo

CAPÍTULO 6

LOS HISPANOS

▼▼▼

Los hispanos en los Estados Unidos

Más de veintidós millones de hispanos viven en los Estados Unidos de América y la cifra continúa aumentando. ¿Hasta cuándo y hasta qué punto? No se sabe. Esta inmigración, este afluir de personas de origen o ascendencia hispana o española es un fenómeno que se inició hace mucho tiempo y que ha ido aumentando año tras año. La política de esta nación ha sido de puertas abiertas, de generosa y protectora acogida para todos los que, por una causa u otra, deciden abandonar el país donde nacieron.

Un factor que ha propiciado la inmigración hispana es la proximidad de los países en los cuales se produce este fenómeno. La nación americana tiene fronteras con una nación hispana: México. Casi tres mil millas de frontera constituyen una tremenda oportunidad y tentación para adentrarse en territorio estadounidense. Y también está Cuba, a sólo noventa millas del punto más sureño: Key West (o Cayo Hueso, como lo denominan muchos cubanos). Pero no sólo mexicanos y cubanos se han establecido aquí; también nicaragüenses, colombianos, venezolanos, hondureños, salvadoreños y argentinos. Personas de todos los países que componen la América Latina o Hispanoamérica, como se quiera decir, desean venir a la tierra de las oportunidades.

Las causas o razones que han motivado el gran incremento de la inmigración hispana en los Estados Unidos en los últimos treinta y cinco años son varias, pero las dos principales han sido causas políticas y económicas. Por razones políticas han buscado refugio principalmente los cubanos, los nicaragüenses y los salvadoreños. Por razones económicas cruzan la frontera los mexicanos, guatemaltecos y otros. Los puertorriqueños no son inmigrantes, ellos son ciudadanos americanos en virtud del estado político de la isla de Puerto Rico, cuyo territorio está constituido como Estado Libre Asociado de los Estados Unidos de América. Sin embargo, los puertorriqueños que viven aquí pertenecen en esencia, por razón de su cultura y costumbres, al conjunto de personas de origen hispano. No hablamos de los haitianos como inmigrantes porque, aunque son habitantes de la región del Caribe, no son hispanos.

¿Qué efectos está teniendo en la vida de los estadounidenses la entrada de hispanos en territorio americano? ¿Ha sido beneficiosa o perjudicial? ¿Debemos cerrar las puertas y decir ¡basta ya!?, ¿o decir ¡bienvenidos, continúen entrando!?

En general, la influencia de los hispanos en los Estados Unidos está siendo objeto de mucha discusión por parte de todas las fuerzas vivas del país, con innumerables argumentos en pro y en contra de esta realidad. No sabemos con certeza quién tiene la razón y si se encontrará una solución a este conflicto.

PREGUNTAS

1. ¿Está usted de acuerdo con la política de los Estados Unidos de puertas abiertas para los inmigrantes? Explique su respuesta.
2. ¿Qué opinión general tiene de los hispanos que viven en esta nación?
3. ¿Cuáles son las principales razones que incitan a los hispanos a venir a vivir a los Estados Unidos?
4. Tomando en cuenta las dos razones principales que impulsan la inmigración, ¿cuál le parece más aceptable? Explique su idea.
5. ¿Cuál de los estados americanos es el que tiene más hispanos y por qué?

Sean bienvenidos los hispanos

Cuando hablamos de los hispanos nos referimos a aquellos que pertenecen a la América que fue colonizada por España o sea toda América del Sur con excepción del Brasil, Guyana y las Guyanas Francesa y Holandesa; prácticamente toda América Central, parte de América del Norte, y casi toda la región del Caribe. Es decir, todos son americanos en el sentido estricto del vocablo, pues nacieron, han vivido y viven en esto que también llaman el Nuevo Mundo: el gran continente americano. Los Estados Unidos de América es parte de este mundo que ya no es tan nuevo. Sabemos que este país donde vivimos fue conquistado y colonizado en su mayor parte por Inglaterra, de ahí que la lengua que se habla aquí sea inglés, así como por idéntica razón se habla español en los países colonizados por España.

La inmigración hispana, en general, ha sido beneficiosa y con resultados positivos para los Estados Unidos. Centenares de hispanoamericanos han aportado sus buenas cualidades como empresarios, comerciantes, educadores, deportistas, médicos, abogados e inclusive en la vida pública y política de este país.

Los hispanoamericanos seguirán llegando a estas tierras de oportunidades y, en definitiva, como todos los inmigrantes que aquí han llegado, contribuirán con su esfuerzo a que este extraordinario país continúe siendo el más poderoso, el más fuerte, el más inteligente y el más altruista del orbe. Continuemos, pues, dándoles la bienvenida a los hispanos.

PREGUNTAS

1. ¿Por qué los Estados Unidos ha sido una nación tan generosa y abierta que permitió la entrada de millones de extranjeros durante toda su historia como país libre?
2. En su opinión, ¿qué ventajas y beneficios ha logrado la Unión permitiendo la entrada de tantos inmigrantes?
3. ¿Qué desventajas ha traído la inmigración a este país?
4. ¿Qué otros países se han caracterizado por permitir la amplia entrada de personas a sus territorios?
5. ¿Qué nación conoce usted que se oponga abiertamente a la entrada de inmigrantes? ¿Cuáles son los argumentos?

No más hispanos en los Estados Unidos

La entrada, legal o ilegal, de miles de hispanos en este país es una calamidad que debe terminar de inmediato, puesto que estas personas están ocasionando un gran número de problemas que afectan sustancialmente la vida de la nación americana.

La mayor parte de estos individuos entran aquí en forma ilegal, principalmente burlando la vigilancia que existe en la frontera con México, otros penetran por las costas orientales, en particular por las de la península floridana. Generalmente son personas que carecen de recursos económicos, no tienen preparación educacional, son hombres y mujeres sin oficio ni profesión, y muchos de ellos vienen cargados de hijos pequeños, agravándolo todo, o con los padres, ya viejos, enfermos o inhábiles para el trabajo. Un gran número de estos inmigrantes se convierten en carga pública, lo cual está costando millones y millones de dólares a los contribuyentes de esta nación, es decir, a las fuerzas que trabajan, producen y pagan impuestos.

La criminalidad ha aumentado debido a la participación de los hispanos en el bajo mundo de las actividades delictivas. Además muchos hispanos a diferencia de las inmigraciones europea, se han resistido o no han querido asimilar la cultura anglosajona, tratando de mantener, e imponer algunas veces, su propia cultura, lo que ha provocado choques con norteamericanos yendo esto en detrimento del grupo social en el cual conviven. Como consecuencia, muchas veces, los anglosajones deben abandonar el barrio donde viven para dejarlo en manos de los "invasores".

PREGUNTAS

1. ¿Qué medidas tomaría usted para detener la entrada ilegal de personas en este país?
2. La frontera entre México y los Estados Unidos es muy larga y difícil de controlar. ¿Cómo la controlaría usted?

3. ¿Qué país tiene frontera con los Estados Unidos al norte y por qué, sustancialmente, no existen problemas entre estos países fronterizos?

4. ¿Por qué durante más de treinta años han entrado miles y miles de cubanos en los Estados Unidos?

5. ¿Continúan entrando actualmente muchos cubanos aquí o ya cesó este éxodo? ¿Por qué?

V·O·C·A·B·U·L·A·R·I·O

acogida   acto de admitir a alguien; hospitalidad

afluir   acudir, llegar en un gran número a un lugar determinado

aportar   dar, contribuir a algo en común

barrio   cada una de las partes en que puede dividirse una ciudad

bienestar   comodidad

burlar   eludir la acción de las autoridades

buscar   hacer lo necesario para encontrar algo

carga pública   se dice de las personas que tienen que ser mantenidas por el gobierno

cargar, cargados   lo que tiene uno que soportar o mantener

choque   colisión, impacto

cifra   número, cantidad

conjunto   unión de varias cosas o personas

desenvolvimiento   expansión, difusión, extensión

empresa   corporación mercantil, industrial, comercial; compañía

empresario   el que dirige una empresa

en virtud de   como consecuencia de algo

exiliado   persona que vive fuera de su país generalmente por razones políticas

frontera   línea que separa una nación de otra

impuesto   contribución, gravamen

oficio   trabajo especializado

penetrar   entrar

propiciar   facilitar

REPASO GRAMATICAL

11. Las preposiciones *por* y *para* con personas como objeto de las mismas

Las preposiciones **por** y **para** se usan con personas como objetos de las mismas, pero con distintos significados. **Por** da a entender que su objeto fue la causa o el motivo de la acción:

> Los cubanos han emigrado a los Estados Unidos **por** la dictadura comunista existente en su país.

Esta oración expresa que los cubanos emigraron de Cuba debido a la dictadura de su país. En otras palabras, la dictadura causó la acción de los cubanos a salir de Cuba.

Para indica que el objeto recibe el efecto o el resultado de la acción:

> Las nuevas leyes de inmigración son **para** los mexicanos.

Aquí entendemos que la acción que producen las nuevas leyes de inmigración está dirigida a los mexicanos, es decir, los mexicanos reciben la acción de las nuevas leyes.

Con **por** buscamos la causa, el principio, el motivo, el impulso; mientras que **para** anticipa la destinación, el fin, el objetivo de la acción.

> Los mexicanos emigran a los Estados Unidos **por** razones económicas. (La razón económica es la causa por la cual los mexicanos emigran a los Estados Unidos.)

> La política de puertas abiertas de los Estados Unidos no ha sido solamente **para** los inmigrantes hispanos. (La inmigración hispana recibe también el beneficio de la política de puertas abiertas junto con otros inmigrantes.)

> Los Estados Unidos tienen riquezas suficiente **para** todas las personas que viven aquí. (Los habitantes de los Estados Unidos reciben la acción beneficiosa del país.)

> Nicaragua sufrió mucho **por** la guerra. (La guerra causó el sufrimiento del país.)

EJERCICIO

Complete las siguientes oraciones con **por** *o* **para**, *según convenga:*

1. La inmigración hispana ha sido beneficiosa _____ los Estados Unidos.
2. La criminalidad ha aumentado _____ causa de los inmigrantes hispanos.
3. Los europeos han trabajado intensamente _____ el bienestar de sus familias.

4. Los argentinos van a Nueva York _____ visitar la Estatua de la Libertad.

5. Los puertorriqueños, aunque son ciudadanos americanos, luchan _____ la conservación de la lengua española.

6. La política de puertas abiertas es buena _____ los inmigrantes en general.

7. La frontera entre México y los Estados Unidos es una tentación _____ los mexicanos.

8. Muchos suburbios y ciudades americanas han sido invadidos _____ los hispanos.

9. Los cubanos han buscado refugio en los Estados Unidos _____ causas políticas.

10. Otros hispanos han venido aquí _____ buscar trabajo.

EJERCICIOS DE VOCABULARIO

A. *Complete con una palabra lógica y correcta:*

1. Las causas de la inmigración hispanas son _____ y _____.

2. Aunque son hispanos, _____ no son inmigrantes en este país.

3. En los últimos treinta y cinco años ha habido un gran _____ en la _____.

4. Los Estados Unidos tienen fronteras con dos países, _____ y _____.

5. Hay dos criterios opuestos en relación con la inmigración en los Estados Unidos. Uno dice que _____, y el otro opina que es _____.

6. El continente americano se conoce también con el nombre de _____.

7. Muchos dicen que los Estados Unidos es la nación más _____ del mundo.

8. En México se habla _____ porque España fue quien _____ ese país.

9. Algunos hispanos ocupan posiciones _____ en el Congreso, en Washington D.C.

10. Un gran _____ de mexicanos entra en este país en forma _____.

B. *Complete con una idea lógica:*

1. Muchos mexicanos entran ilegalmente en los Estados Unidos porque _____.

2. Los puertorriqueños continúan hablando español pero _____.

3. Muchos creen que los inmigrantes hispanos son una calamidad pero _____.

4. Es relativamente fácil burlar la vigilancia fronteriza debido a que _____.

5. Los cubanos que entran en los Estados Unidos lo hacen a través de las costas floridanas porque _____.

6. Algunos suburbios y ciudades americanas han sido casi totalmente abandonadas por los anglosajones debido a _____.

C. *¿Está de acuerdo con las siguientes afirmaciones? Explique sus razones con claridad.*

1. En general, la inmigración hispana ha sido beneficiosa para los Estados Unidos.
2. Los Estados Unidos es la nación más generosa del mundo.
3. Los inmigrantes hispanos les cuestan millones de dólares a los contribuyentes de esta nación.
4. Las relaciones entre hispanos y norteamericanos son muy amistosas.
5. La mayor parte de los crímenes en esta nación son cometidos por los hispanos.

DESAFÍO DE PALABRAS

Busque en el segundo grupo de palabras el opuesto de cada palabra del primero.

iniciar	aumentar	abierto
sureño	entrada	beneficioso
apreciar	idéntico	generoso
bienvenida	amplio	carecer
delictivo	detrimento	cesar
público	burlar	altruista

disminuir	tacaño	egoísta
beneficio	distinto	despreciar
comenzar	terminar	salida
tener	privado	respetar
cerrado	legal	despedida
norteño	perjudicial	estrecho

LA PAZ Y LA GUERRA

▼▼▼

La paz

¿Logrará el hombre, algún día, alcanzar y establecer la paz sobre la faz de la Tierra? En todos los tiempos, en todas las épocas, se han realizado grandes esfuerzos por los hombres pacifistas a fin de obtener ese gran anhelo, esa gloriosa meta, que parece inalcanzable. Instituciones laicas con fines de paz trabajan diariamente con ese propósito. Todas las religiones del mundo abogan por la paz y en general, salvo contadas excepciones, todos los gobiernos dicen quererla.

Sin embargo la realidad es que el mundo ha vivido muchos más períodos de guerra que de paz, y aun en esos pequeños lapsos sin violencia se ha visto constantemente amenazado por el espectro de la guerra. No hay dudas de que el hombre se afana por obtener una paz duradera. Podemos citar dos ejemplos de estos esfuerzos: las Naciones Unidas es una organización mundial cuyo objetivo principal es la preservación de la paz; los Estados Unidos han creado esa bella y ejemplar institución llamada Cuerpo de Paz, que realiza una labor de acercamiento, ayuda y entendimiento entre todos los pueblos y que, como su nombre lo indica, es eminentemente pacifista.

Aun cuando la meta parece estar muy lejos, y son muchos los obstáculos que se interponen para alcanzarla, la humanidad vive con la esperanza de que algún día se logre la tan ansiada paz.

PREGUNTAS

1. ¿Por qué no se ha logrado nunca la paz entre los hombres?
2. ¿Se ha progresado algo en los intentos de paz?
3. ¿Conoce alguna religión que no sea amante de la paz?
4. ¿Qué idea tiene del Cuerpo de Paz de los Estados Unidos?
5. ¿Logrará las Naciones Unidas establecer la paz en el mundo?
6. ¿Conoce algún período en la historia de la humanidad en el cual haya habido paz?

La guerra

Guerra. Guerra. Guerra. Siempre guerra. Matándonos los unos a los otros: El peor y más feroz enemigo del hombre es el hombre mismo. Y las guerras, ¿son una necesidad, producto de la misma convivencia humana? ¿Quiénes y qué provocan las guerras entre naciones, entre hombres de un mismo pueblo? Siempre ha habido guerras, guerras internacionales y guerras civiles —peores aún que las primeras.

Hay quienes hablan de guerras justas, de guerras santas, de guerras necesarias. Este tema es quizás uno de los más difíciles de tratar, de analizar y de argumentar, debido a que se presta a las más disímiles opiniones, muchas de ellas con gran parte de razón.

¿Qué análisis podemos hacer, en términos generales, de la guerra? Podríamos considerar, en primer lugar, que en toda guerra hay, por lo menos, dos bandos, grupos o naciones que luchan entre sí. Uno es el agresor, el otro es el agredido. Se considera por ambos que la razón o una causa justa los acompaña, no importa si se es el agresor o el agredido. Tomemos por ejemplo la Segunda Guerra Mundial. Hitler, y posiblemente el pueblo alemán de buena fe, creyó que la guerra por él iniciada era una guerra justa, necesaria, a fin de resolver cuestiones vitales para el pueblo, y por eso no vacilaron en atacar a las naciones vecinas. Éstas, creyéndose injustamente agredidas, se aprestaron a la defensa de sus territorios.

Otro ejemplo es la crisis del Medio Oriente, donde cada nación en conflicto cree que la razón está de su parte. Y así, todas las guerras. Igualmente vemos cómo el hombre se interesa, cada día, por inventar nuevas armas, más potentes, más destructivas: cohetes dirigidos, aviones de bombardeo, buques de guerra como los portaaviones y acorazados, tanques, cañones, ametralladoras, rifles automáticos, todo esto sin contar las bombas de energía nuclear que constituyen una terrible amenaza para la humanidad.

PREGUNTAS ————————————————————————

1. ¿Estima usted que la guerra es una necesidad social? Explíquese.
2. ¿Podrá acabarse con las guerras en el futuro? Explique su idea.
3. ¿Qué remedios aconseja para terminar con las guerras?
4. ¿Cree que las guerras antiguas eran más feroces, destructoras y crueles que las guerras modernas?
5. ¿Qué opina de los armamentos? ¿Qué armas son más mortíferas?, ¿las antiguas o las modernas?
6. En su opinión, ¿quiénes son los principales culpables de que existan guerras?

V·O·C·A·B·U·L·A·R·I·O

a pesar de   contra la voluntad o deseo de alguien

abogar   defender

acercamiento   acción de acercarse o de poner a menor distancia

acorazado   buque o barco de guerra muy grande

afanar   trabajar fuertemente para un objetivo

agredido   el que es objeto de un ataque

alcanzar   *(fig.)* lograr, tener éxito

amenazar   dar alguna indicación de un ataque o peligro

ametralladora   arma automática que dispara muy rápido

ansiado   deseado, querido

aprestar   usar lo necesario para algún objetivo

aun   inclusive

cohete (el)   proyectil explosivo que se lanza al aire

crucero   buque o barco de guerra bastante grande

disímil   diferente, distinto

ejemplar   que sirve de ejemplo o modelo

faz (la)   cara, rostro, superficie

inalcanzable   que no se puede obtener

interponer   interpolar, poner una cosa entre otras

laico   no religioso, seglar

meta   fin, objetivo

mortífero   que puede causar la muerte

portaaviones (el)   buque de guerra que lleva aviones

prestar   dar

salvo   excepto

sin embargo   no obstante, que no sirve de impedimento

vacilar   dudar, oscilar

REPASO GRAMATICAL

12. Los adjetivos calificativos en español

En general, los adjetivos calificativos en español concuerdan en género y número con el nombre que califican. Regularmente el adjetivo calificativo sigue al nombre.

La Organización de las Naciones **Unidas** es un organismo **mundial**.

Hay casos en los que el adjetivo se antepone al nombre, cuando se le quiere dar énfasis a la cualidad o cuando esa cualidad es inherente o característica de aquél.

Esperamos que se logre la tan **ansiada** paz.

Ese **ejemplar** organismo que es el Cuerpo de Paz.

También es posible, en los casos en que dos o más adjetivos calificativos describen o distinguen un nombre, anteponer unos y colocar otros después del nombre de que se trate.

La **funesta** y **terrible** guerra civil destruyó la nación.

El **honorable** señor **secretario** de Defensa Nacional.

Otras veces se pueden anteponer dos o más adjetivos al nombre, o colocarlos todos después de éste.

El **gran estadista norteamericano** F. D. Roosevelt murió en 1945.

La guerra **civil norteamericana** se inició en el año 1861.

En realidad, la lengua española goza de mucha flexibilidad en cuanto a la posición de los adjetivos calificativos, admitiendo toda clase de combinaciones. Su posición depende más bien de un sentido estético, de sonido, de ritmo y de buen gusto.

EJERCICIOS

A. Agregue a las siguientes oraciones el adjetivo calificativo que se da entre paréntesis, cuidando que concuerde en género y número con el nombre:

Modelo: El **mundo** aboga por la paz. (religioso)
                 El mundo **religioso** aboga por la paz.

1. Todos queremos alcanzar la **meta** de la paz. (glorioso)   2. Algunas **instituciones** trabajan diariamente. (laico)   3. Salvo algunos **casos**, todos los gobiernos dicen querer la paz. (extraordinario)   4. Los **cohetes** destruyeron la ciudad. (dirigido)   5. El tópico se presta a **opiniones**. (disímil)   6. Una **causa** es necesaria para la guerra. (justo)   7. La guerra es una **amenaza** para la humanidad. (terrible)   8. El **Oriente** está en crisis. (Medio) 9. Las **naciones** quieren la paz. (vecino)   10. Las **armas** son más mortíferas. (nuevo)

B. Agregue a las siguientes oraciones los adjetivos calificativos que se dan entre paréntesis, cuidando que concuerden en género y número con el nombre:

Modelo: El Mensaje de Gettysburg (extraordinario, bello)
                 El **bello** y **extraordinario** Mensaje de Gettysburg.

1. El **discurso** del secretario de la ONU. (brillante, elocuente)   2. La **bomba** destruyó la ciudad de Nagasaki. (terrible, mortífero, atómico)   3. El conflicto de Corea fue una **guerra**. (justo, necesario).   4. Los **rifles** son muy efectivos. (poderoso, automático)   5. El **ejército** ganó la batalla. (valiente, estadounidense)   6. El Cuerpo de Paz es una **institución**

(ejemplar, poderosa)   **7.** Todos queremos una **paz.** (estable, duradero)   **8.** Los **hombres** luchan por la paz. (pacifista, religioso)   **9.** La **Fuerza** bombardeó la ciudad de Berlín. (Aéreo, Naval)   **10.** El **buque** navega por el Mediterráneo. (gigantesco, imponente)

EJERCICIOS DE VOCABULARIO

A. *Complete con una palabra lógica y correcta.*

1. Casi todos queremos _____ una paz duradera.
2. La historia nos ha dicho que la paz es muy difícil de lograr, casi _____ inalcanzable.
3. Los períodos de paz en la Tierra han sido _____, casi un pequeño descanso para la próxima guerra.
4. Hay guerras internacionales y hay guerras _____ entre fracciones del mismo país.
5. En todas las guerras hay un agresor que ataca al _____, que necesita defenderse.
6. En la Segunda Guerra _____, ambos lados, los aliados y los poderes del Eje, pensaban que la razón estaba de su parte.
7. En cada guerra parece que se inventan nuevas _____ de _____.
8. Hoy, un portaaviones puede lanzar al aire _____ fuertes y rápidos en cuestión de minutos.
9. La bomba nuclear es la _____ más terrible que existe en la actualidad.

B. *Complete su propia opinión.*

1. Es difícil que logremos una paz duradera porque _____.
2. En casi todas las guerras cada nación piensa que su participación es necesaria pero _____.
3. Aunque las religiones prediquen la paz, _____.
4. Habría menos guerras si los líderes _____.

C. *¿Está de acuerdo con las siguientes afirmaciones? Explique sus razones con claridad.*

1. Las guerras en este planeta son inevitables.
2. Siempre son los pobres los que tienen que sufrir las consecuencias de las guerras.
3. Generalmente una guerra es la consecuencia directa de otra anterior.
4. Las causas más directas e importantes de cualquier guerra son económicas, no políticas.

DESAFÍO DE PALABRAS

Busque la palabra del segundo grupo que mejor defina o describa las del primero.

paz	guerra	entendimiento
inalcanzable	lograr	desgraciadamente
salvo	época	obtener
propósito	espectro	bello
provocar	argumentar	prestar
disímil	iniciado	faz
ansiado	feroz	vacilar
potente	buque	

conflicto	salvaje	tristemente
dar	hermoso	período
imposible	discutir	comenzado
poderoso	distinto	excepto
fantasma	alcanzar	superficie
dudar	objetivo	incitar
comprensión	tranquilidad	querido
barco	conseguir	

PREDICIENDO EL FUTURO

▼▼▼

El horóscopo

Desde que nuestros primeros antepasados las vieron, las estrellas han sido objeto de maravilla y asombro, fascinándonos con sus luces, brillantez y hermosura. Las civilizaciones de Caldea, India, Persia, Roma, Grecia y Egipto creyeron que, de alguna manera, los astros tan lejanos podían influir en la vida de los seres humanos, y que estas influencias se podían conocer si el astrólogo sabía la posición de las estrellas con respecto al nacimiento de la persona interesada en el conocimiento de su futuro.

El concepto de la astrología no debe confundirse con el de la astronomía, la cual es el estudio de las estrellas y los otros cuerpos celestes. En cuanto a la astrología hay dos opiniones extremas. Una dice que no es un hecho científico sino un engaño o superstición que el hombre ha querido creer por su propia necesidad o sus intereses egoístas. Los que se oponen a la astrología afirman que la creencia en ella es igual a creer en la baraja de naipes; es decir, que algunos pedazos de papel con varios símbolos pueden predecir o pronosticar el futuro. El otro extremo es el que pone toda fe en el horóscopo. Sus seguidores creen cada afirmación, dejándose guiar por cada predicción, como si fuera un hecho que sólo necesita tiempo para convertirse en realidad.

Entre los dos extremos hay muchas personas que tratan la astronomía con curiosidad, burlándose de sus pronósticos pero al mismo tiempo pensando que si tanta gente cree en ella, puede ser que haya razón. La curiosidad y la mera posibilidad intrigante motivan a la mayoría de los lectores de los horóscopos que aparecen en los diarios y en las revistas actuales. Parece que la creencia en la astrología perdurará hasta que todos nosotros perdamos la curiosidad de saber lo que nos espera en el futuro.

PREGUNTAS

1. ¿Qué es la astrología?
2. ¿Cree usted que el planeta Tierra es el centro del universo? Explíquese.
3. ¿Qué concepto tiene del universo?
4. ¿Qué es la astronomía? ¿Ha tomado algún curso relacionado con ella?

5. En términos generales, ¿cree que exista algún medio por el cual sea posible predecir el futuro?

6. ¿Le preocupa el futuro? ¿Le gustaría saber lo que le espera en el porvenir?

Creo en el horóscopo

No cabe la menor duda de que las estrellas y los planetas pueden predecir o tal vez simplemente indicar el futuro de cualquier ser humano. Sé que algunos no lo quieren creer, pero ése es un caso de pura ignorancia. Si ellos supieran cuántas veces los escépticos cambiaron su parecer después de darse cuenta de que los pronósticos trazados se hicieron realidad. Si hubieran prestado atención, habrían podido evitar desgracias o tal vez habrían podido aprovecharse de una oportunidad imprevista. Pero como tantos otros, a través de toda la historia, ellos se burlaron de esa "superstición" primitiva. Si es tan ridículo creer en el horóscopo, ¿por qué ha durado tantos siglos y en tantas civilizaciones el estudio de las estrellas y la influencia que ejercen en nuestras vidas?

Científicamente sabemos que la Luna y el Sol causan el movimiento de las mareas, así que nadie puede dudar que hay fuerzas celestes que afectan la vida terrestre. ¿Cómo sería este planeta si no fuera por el calor y la luz del Sol, de los otros planetas y de las estrellas? Claro que no habría vida aquí, sería un planeta muerto. Asimismo, se puede comprobar las influencias de los cuerpos celestes en nuestras vidas. Hay millones de ejemplos de individuos que nos pueden decir que lo que ha pasado en sus vidas fue predicho por algún astrólogo que trazó su horóscopo. Conozco a un hombre que no creía en el horóscopo pero por chiste o capricho decidió consultar a un astrólogo que le trazó su tabla. Lo que le dijo esa noche lo sorprendió, haciéndolo maravillarse. Adivinó que, según la posición de los planetas, el año 1976 habría de ser un desastre personal para él, pero que poco a poco recobraría su buena suerte, hasta que en el año 1980 comenzaría a notar un cambio extraordinario. Efectivamente, así fue. El hombre confesó que en el '76 se había divorciado y había perdido todos sus bienes materiales, hasta el punto de tener que ir a vivir a casa de su hermano menor. Ese año perdió su negocio y sus ahorros. Admitió que en el año 1980 su situación cambió radicalmente y su posición económica comenzó a mejorar, alcanzando una época próspera.

Esta historia podría repetirse millones de veces cada día porque el destino ya está escrito en las estrellas. Somos nosotros los temerosos, los que no queremos saber, los que preferimos seguir viviendo en nuestra propia ignorancia, en la oscuridad. Pero los que queremos saber podemos leerlo todo y descubrir los secretos que allá, en el infinito, están expuestos.

PREGUNTAS ———————————————————————————————

1. ¿Cuál es su opinión sobre la función de las estrellas y otros cuerpos celestes?

2. ¿Cómo explicaría que las estrellas y los planetas influyen en la vida de los seres humanos?

3. ¿Ha consultado alguna vez a un astrólogo? ¿Por qué?

4. ¿A qué signo del Zodíaco pertenece? ¿Cuáles son las características generales de las personas nacidas en él? ¿Cree usted que esas características corresponden a su personalidad?

5. ¿Ha tenido alguna experiencia personal sobre la eficacia del horóscopo? ¿Conoce algún caso de un amigo o familiar?

La astrología es una falacia

El otro día, un amigo mío estaba muy emocionado porque su horóscopo indicaba que el tiempo le era propicio para adelantos en sus finanzas, lo que significaba para él que su más reciente aventura financiera iba a salir bien, sin la más ínfima posibilidad de fracaso. Estaba tan embullado que apenas podía contenerse. El día anterior había ido a ver a un astrólogo que, además de cobrarle $250, le trazó una tabla bien detallada y completa, explicándole que si quería prosperar en sus asuntos financieros, tenía que arriesgarse pronto para no perder las oportunidades que se le presentaban. Así es que se arriesgó.

Me quedé mirándolo incrédulamente. Mi amigo, tan cuerdo, sensato y moderno y, sin embargo, creyendo todo lo que le había dicho un "astrólogo", entregándose por completo a una persona que le decía que todo estaba escrito en las estrellas. Esto parecía, más bien, una escena de la Edad Media. Yo pensaba que los únicos que confiaban en el horóscopo eran aquellos a los que les faltaba la confianza en sí mismos, los que preferían saber que el control de su destino estaba en los poderes de otras fuerzas mayores y misteriosas, a fin de no tener que admitir sus propios fracasos.

Los astrólogos profesionales saben que cada uno de nosotros quisiera echar una miradita al futuro, a menos que no sea desastroso, y así por sus pronunciamientos pseudocientíficos tratan de convencernos de que el futuro es lo que ellos ven en su "bola de cristal".

De vez en cuando miro el horóscopo de mi signo en el periódico local, para ver lo que el futuro me está preservando. Las predicciones siempre me causan gracia. Por ejemplo, el otro día me decía que atendiera con más esmero el presupuesto del hogar, para evitar dificultades venideras. Me dijo que podría sufrir derrotas al respecto. Los que me conocen, pueden asegurar que soy un tipo muy cuidadoso y precavido en mis asuntos financieros. Otro día me dijo que debía ser más sensible a las necesidades de mis seres amados. ¡Qué mentira! Siempre trato de ser así.

Creer en la astrología es igual que creer en los naipes de la baraja o en las líneas de la palma de la mano. Me pregunto, ¿por qué las líneas de las manos y no las arruguitas de las rodillas? Pero si no queremos mirar las estrellas, siempre podemos recurrir a una bola de cristal o, después de tomar un té, leer las hojitas que quedan en la taza.

Las estrellas y los planetas nos dan luz y calor y nos pueden inspirar a escribir versos románticos, pero su posición en el firmamento no determina mi destino, que está en mis propias manos o, quién sabe, fuera de mi control.

PREGUNTAS

1. En su opinión, ¿tiene la astrología alguna base científica? ¿Por qué?
2. ¿Sabe usted cómo funcionan las llamadas "bolas de cristal"?
3. ¿Qué opinión tiene de los que leen las palmas de las manos? ¿Cree que las líneas puedan predecir algo?
4. ¿Cree que la interpretación de los naipes de la baraja pueda predecir el futuro?
5. ¿Qué puede decirnos acerca de Miguel de Nostradamus?

V·O·C·A·B·U·L·A·R·I·O

adelanto   progreso, aumento

adivinar   conocer una cosa presente, pasada o futura por arte de magia

ahorro   acción de ahorrar, economizar o evitar un trabajo

alcanzar   llegar a tener algo que se desea

arrugas   rugosidad de la piel

asombro   admiración

atender   prestar atención

baraja   conjunto de cartulinas con que se juega, por ejemplo, el *bridge*

burlarse   no tener respeto o consideración hacia alguien

cambiar   sustituir, convertir

capricho   deseo o propósito no fundado en causa razonable

chiste   frase que provoca risa

consejo   cosa que se dice a alguien sobre lo que debe o no debe hacer

contenerse   esforzarse para no exteriorizar un estado de ánimo

creyente   la persona que cree

cuerdo   persona con facultades mentales normales

desastre   catástrofe, calamidad

desgracia   suceso que causa padecimiento moral, material o espiritual

ejercer   hacer actuar algo sobre cierta cosa

embullado   animado a hacer algo que estima bueno

engaño   falta de verdad

fracaso   resultado adverso o negativo

hoja   cada una de las partes planas y delgadas de las ramas de los vegetales

lejano   distante, apartado

marea   movimiento de ascenso y descenso de las aguas del mar

nacimiento   acción y efecto de iniciar la vida

naipe   cada una de las cartulinas o cartones de la baraja, carta

parecer   opinar, creer

pedazo   parte de un todo

perdurar   subsistir, mantenerse en un mismo estado

periódico   impreso que se publica generalmente todos los días

precavido   que sabe prevenir un riesgo, daño o peligro

presupuesto   cómputo anticipado de los gastos de una nación, familia, etc.

pronosticar   predecir el futuro

recobrar   volver a tomar o adquirir lo que antes se tenía

revista   publicación periódica con escritos sobre una o varias materias

rodilla   parte del cuerpo que une al muslo con la pierna

siglo   período de tiempo de cien años

tabla   pieza que se usa para pronosticar el futuro

tipo   persona, individuo

trazar   *(fig.)* describir, exponer los rasgos de una persona o asunto

REPASO GRAMATICAL

13. Uso del gerundio en las formas o tiempos progresivos

En español, al igual que en inglés, las formas o tiempos progresivos se forman con el gerundio del verbo principal conjuntamente con el verbo auxiliar **estar**, u otros de equivalente valor como **ir, seguir, andar, venir**, etc. Los tiempos progresivos se usan en español para indicar que la acción se produce en forma continua en un momento dado, ya sea presente, pasado o futuro.

La posición de las estrellas **está determinando** mi futuro.

El astrólogo **iba trazando** su horóscopo.

Algunas personas **seguirán leyendo** las líneas de las manos.

EJERCICIO

Cambie las siguientes oraciones a la forma progresiva, usando como verbo auxiliar el que se indica entre paréntesis:

Modelos: Los astrólogos pronostican el porvenir. (seguir)
Los astrólogos **siguen pronosticando** el porvenir.

Mi amigo recobró su buena suerte. (ir)
Mi amigo **fue recobrando** su buena suerte.

1. Mi creencia en la astrología aumenta todos los días (continuar).   2. Los astrónomos estudian los cuerpos celestes (seguir).   3. Los lectores de los horóscopos examinan todas las predicciones (venir).   4. Tú te burlas de los que creen en los que leen las palmas de las manos (estar).   5. Pienso que todo esto es una falacia (continuar).   6. Mis amigos siguen el curso de las estrellas (ir).   7. Ella recobró su buena suerte (estar).   8. Los astrólogos buscan personas que confíen en ellos (andar).   9. Los adivinadores engañan a los que quieren conocer el futuro (venir).   10. Nosotros comenzamos a dudar de los astrólogos (estar).

14. Otros usos del gerundio

A. Con función adverbial

En estos casos el uso del gerundio puede expresar la manera, medio o causa de hacer algo, y también puede expresar las circunstancias o condiciones presentes en el momento en que la acción del verbo principal tiene lugar.

Mirando las estrellas pensé en el misterio del universo. (circunstancia)

Siendo creyente no necesito su consejo. (condición)

Yendo en avión veo la Luna más brillante. (medio)

Conoció su futuro **visitando** a un astrólogo. (causa)

Aprendió astronomía **tomando** un curso en la Universidad. (manera)

EJERCICIO

Conteste las siguientes preguntas con oraciones completas:

1. ¿De qué manera se conoce el futuro?, ¿leyendo el horóscopo o consultando a alguien que lea las palmas de las manos?   2. ¿Cómo se puede ganar mucho dinero?, ¿trabajando o jugando?   3. ¿Cómo podemos conocer mejor la historia?, ¿estudiando o hablando con un astrólogo?   4. ¿De qué forma llegaremos más pronto a Venus?, ¿yendo en un cohete o viajando en la máquina del tiempo?   5. ¿En qué circunstancias conoció la verdad?, ¿leyendo el periódico o viendo la televisión?   6. ¿Cómo es posible ver mejor la constelación?, ¿mirando a través de un telescopio o subiendo a una montaña?   7. ¿En qué forma se puede ganar una fortuna?, ¿trabajando o prediciendo el futuro?   8. ¿Cómo se puede conocer mejor a una persona?, ¿hablando con ella o preguntando a un adivinador?   9. ¿Cómo se divierte más?, ¿bailando en una discoteca o contemplando las estrellas?   10. ¿Cómo le gustaría pasar el tiempo?, ¿viajando a la Luna o probando fortuna en Las Vegas?

B. Con verbos de percepción

También es frecuente el uso del gerundio con ciertos verbos de percepción como **ver, oír, sentir, escuchar, mirar, observar**, etc. Aunque en estos casos también puede usarse el infinitivo, se prefiere el gerundio cuando se le quiere dar mayor fuerza a la acción a que se refiere. Nótese que en estos casos hay dos sujetos: el que percibe y el que realiza la acción indicada por el verbo en gerundio.

Vimos a Andrés **consultando** (consultar) al astrólogo.

Miro las estrellas **brillando** (brillar) en el cielo.

Observé al astrónomo **estudiando** (estudiar) la Luna.

EJERCICIO

Diga las siguientes oraciones, cambiando la forma del infinitivo por la del gerundio, a fin de dar mayor fuerza a la descripción de la acción:

1. Escuchamos al astrólogo hablar del futuro.   2. Vimos a nuestros amigos consultar el horóscopo.   3. Pronto veré la Luna brillar en el horizonte.   4. Ayer te oí discutir acerca

del planeta Marte.   **5.** Lo vi leer su revista favorita.   **6.** Escuché a mi papá hablar de la astronomía.   **7.** ¡Mira un meteorito cruzar el espacio!   **8.** He visto a muchas personas salir del consultorio.   **9.** Observamos a los adivinos leer la bola de cristal.   **10.** ¿Has oído alguna vez a alguien discutir sobre la existencia de otro universo?

EJERCICIOS DE VOCABULARIO

A. Complete con una palabra lógica y correcta.

1. La astrología se basa en la _____ de las estrellas y de los planetas.
2. El astrólogo necesita saber el día y la hora de su _____ para trazar su tabla.
3. La _____ es la ciencia del estudio de las estrellas y otros cuerpos celestes.
4. Muchas personas leen el horóscopo que aparece en los _____ y las
   _____.
5. Algunos horóscopos parecen muy generales pero hay otros que son más _____.
6. Si sabemos nuestro destino, podemos _____ desgracias grandes.
7. El horóscopo puede _____ el futuro y el destino.
8. Mucha gente no deja de _____ su horóscopo cada día.
9. Hay muchos que comparan el horóscopo con leer las arrugas de las _____.
10. Hay individuos que dicen que pueden interpretar los _____ de la baraja para predecir el futuro.
11. Los temas de más interés del horóscopo son la suerte, el amor y el _____.

B. Complete con su propia opinión.

1. Mucha gente lee su horóscopo cada día porque _____.
2. Es verdad que la Luna afecta el movimiento de la marea pero _____.
3. Los signos del Zodíaco detallan las características y personalidad de cada persona pero _____.
4. Es mejor no saber nuestro destino porque _____.
5. Muchos consultan a un astrólogo pero después dicen que era un capricho porque _____.

C. ¿Está de acuerdo con las siguientes afirmaciones? Explique sus razones con claridad.

1. Mucha gente lee el horóscopo por curiosidad.
2. Si el horóscopo fuera científico, todos lo creeríamos.
3. Es estúpido no leer el horóscopo porque si es correcto, podemos evitar una desgracia.
4. El horóscopo es una superstición que no quiere desaparecer.

DESAFÍO DE PALABRAS

Busque la palabra del segundo grupo que mejor defina o describa las del primero.

asombro	astro	engaño
pedazo	varios	predecir
hecho	motivar	actual
incierto	parecer	ejercer
afectar	hermosura	asimismo
capricho	bienes	admitir
próspero	temeroso	oscuridad
propicio	finanzas	embullado
cuerdo	faltar	fracaso
esmero	venidero	precavido
firmamento	naipe	arruga

estrella	posesiones	miedoso
razonable	influir	emocionado
prudente	futuro	cielo
de hoy	rico	dato
carta	inseguro	confesar
noche	cuidado	fondos
belleza	frivolidad	derrota
carecer	algunos	mentira
también	línea de la piel	oportuno
sorpresa	pieza	opinión
incitar	pronosticar	practicar

CAPÍTULO 9

UN CASO DE EMERGENCIA

▼▼▼

El médico debe operar

Estamos en la sala de emergencias de un hospital. De repente se oye el sonido de una sirena y luego aparece una ambulancia. Las puertas se abren y los encargados descargan una camilla donde se ve tendido a un niño de unos diez u once años. Lo encontraron desmayado de dolor en la calle, sufriendo un ataque de apendicitis.

El médico de guardia ordena que lo lleven a la sala de operaciones para intervenirlo quirúrgicamente. Pero en camino a la sala de operaciones una enfermera mira al muchacho y lo reconoce como el hijo de los señores Fulano, miembros de una estricta secta religiosa cuyas doctrinas prohíben toda intervención médica, hasta la aspirina. Para ellos Dios es la única cura. Es la primera vez que el médico se encuentra en esta situación, en este dilema. Si notifican a los padres es posible que el niño muera. Si operan, el hospital y el médico podrían verse acusados. ¿Qué hacer entonces?

En este caso no hay más que pensar. El derecho del niño a vivir trasciende cualquier otro derecho y consideración. ¿Qué ley es más natural y trascendente que la de conservar la vida? El muchacho, bajo estas circunstancias, no podría contestar, pero no hay duda que querría vivir, y él tiene este derecho natural. ¿Pueden los padres negárselo? No, porque sería igual que matarlo, y nadie tiene el derecho a matar. Ningún estado o persona puede decirle a otro que tiene que morir, a menos que por algún crimen merezca la ejecución oficial de la pena de muerte. Las creencias de los padres interfieren con los derechos naturales del niño, y en este caso tienen menos fuerza. No niego que los padres tienen el derecho a seguir su conciencia, pero en este caso una creencia personal niega a otro un derecho más fundamental.

Además el médico tiene la responsabilidad de salvar una vida; esto juró cuando se hizo médico. Y sabe que el niño morirá sin su ayuda.

Siendo pragmatista, yo diría que debe operar y luego comunicarse con los padres, diciéndoles que el caso era tan grave que no había otra alternativa sino operar para salvarle la vida, aunque no tuviese el permiso de ellos.

PREGUNTAS ───

1. ¿Cree usted que exista algún otro derecho más importante o esencial que el derecho a la vida? ¿Cuál es?

2. En el caso expuesto, ¿el médico ha actuado correctamente operando al muchacho? ¿Por qué?

3. ¿Existe, en efecto, alguna religión o creencia que impida el uso de drogas, medicinas o intervención médica para la cura y atención de las personas enfermas? ¿Cómo se llama?

4. En el caso que nos ocupa, ¿debería tener éxito una reclamación judicial de los padres contra el médico que salvó la vida del niño? Explique sus razones.

5. Si por circunstancias especiales el niño muere a consecuencia de la operación, ¿cuál sería la situación del médico?

El médico no debe operar

Aunque a veces sea triste y hasta trágico, hay ciertos derechos en la vida que no se pueden negar, no importa las consecuencias. Uno de estos es el de los padres a decidir sobre sus hijos menores.

En nuestra sociedad, es la familia el núcleo principal, la base de nuestra civilización; y en los asuntos familiares son los padres los que deciden para la familia. Como bien sabemos, somos débiles, ignorantes, y aun crueles, pero en el palacio más lujoso o en la barraca más pobre, ningún otro puede mandarnos en nuestro hogar. Ni el Estado, ni la Iglesia, ni un dictador, ni un abogado, ni un médico, por sabios que sean. El padre es rey en su casa, y en la triste emergencia a que nos hemos referido en el tema anterior, es el padre el que tiene la responsabilidad para con sus hijos. A veces va a decidir mal, pero nadie le puede negar el derecho a seguir su conciencia, aun cuando esté equivocado. En este caso, si el médico no llama a los padres está invadiendo la casa de los Fulano, asumiendo derechos que no son suyos.

¿Podríamos permitir que alguien entrara en nuestra casa y que nos dijera que no le gusta cómo criamos a nuestros hijos? ¿O que no debiéramos haber comprado tales muebles porque no son tan buenos? ¿O que tuviéramos que mirar cierto programa de televisión? Claro que no, porque tenemos la libertad de criar a nuestros hijos como queramos o comprar los muebles que nos gusten, aunque no sean del gusto de otros, o mirar el programa de televisión que nos agrade.

En cualquier aspecto de la vida siempre habrá alguien que sepa más que otros, pero al final somos nosotros los que decidimos para nosotros mismos, sea la decisión buena o mala. Si nos equivocamos tenemos que sufrir las consecuencias.

En el caso que estamos estudiando tal vez los padres se equivoquen por sus creencias religiosas, pero tenemos que darles el derecho a decidir lo que crean justo y apropiado.

PREGUNTAS

1. Si usted fuera médico, en un caso como el expuesto, ¿llamaría a los padres del niño y pediría permiso para operar? Y si los padres no dieran el permiso, ¿que haría?

2. ¿Piensa que el derecho de los padres es tan amplio que les permite decidir sobre la vida o la muerte de sus hijos? Explíquese.

3. ¿Conoce algún caso real similar al expuesto en este tópico? Si es así, ¿cómo se resolvió?

4. ¿Está de acuerdo con que los padres tengan el derecho absoluto a decidir la conducta y las acciones de sus hijos menores? ¿Por qué?

5. ¿Qué método o sistema es el mejor para gobernar o dirigir a la familia? ¿Debe hacerse la voluntad de los padres sin discusión? ¿Tienen los hijos derecho a discutir con sus padres los asuntos familiares?

V·O·C·A·B·U·L·A·R·I·O

a menos que   excepto

agradar   gustar

barraca   casa pobre o humilde

camilla   cama ligera y móvil para transportar enfermos de un lugar a otro

cirugía   proceso de curar enfermedades por medio de operaciones

de repente   inmediatamente, sin aviso

débil   de poca fuerza, no fuerte

descargar   quitar la carga

desmayarse   perder la conciencia o el sentido

encargado (el)   alguien que tiene que hacer algún deber o tiene alguna responsabilidad

equivocarse   cometer un error

estar de guardia   estar alerta, en espera de alguna emergencia o peligro

expuesto   explicado, manifestado

impedir (i)   interferir, poner obstáculos

lujoso   rico, acomodado

médico de guardia   el primero que atiende los casos de emergencia

quirúrgico   relativo a la cirugía

supuesto (el)   caso hipotético

tender (ie)   extender

trascendente   lo que traspasa los límites

trascender (ie)   traspasar los límites de cierta cuestión

REPASO GRAMATICAL

15. Los pronombres indeterminados o indefinidos *alguien* y *nadie*

Estos dos pronombres pueden ser sujetos u objetos de verbos, y también objetos de preposiciones.

Alguien se refiere a una persona indeterminada o indefinida, y su uso implica que la acción es de carácter afirmativo o positivo. **Nadie** tiene un sentido negativo e implica, por lo tanto, que la acción verbal no se lleva a cabo. Estos pronombres solamente se usan en singular y son de tercera persona.

> **Alguien** trajo al niño al hospital. (sujeto de verbo)
>
> **Nadie** puede cambiar las creencias religiosas. (sujeto de verbo)
>
> Vieron a **alguien** en el hospital. (objeto de verbo)
>
> Hoy no operaron a **nadie** de apendicitis. (objeto de verbo)
>
> El médico discutió con **alguien** el problema. (objeto de preposición)
>
> No pude hablar con **nadie.** (objeto de preposición)

Es común en español, en los casos del uso de **nadie** como pronombre sujeto, el empleo del vocablo **no** para enfatizar el sentido negativo de la acción, anteponiendo en este caso el verbo al pronombre.

> **Nadie** puede cambiar las creencias religiosas.
>
> **No** puede **nadie** cambiar las creencias religiosas.
>
> **Nadie** quiso ver al médico.
>
> **No** quiso **nadie** ver al médico.

EJERCICIOS ━━━

A. Cambie los sujetos nominales o pronominales de las siguientes oraciones, usando los pronombres **alguien** *o* **nadie**, *según la oración sea afirmativa o negativa:*

Modelo: **La enfermera** llamó al médico.
            Alguien llamó al médico.

1. **El niño** sufrió un ataque de apendicitis.   2. **El padre** no permitió que hablaran del asunto.   3. **La enfermera** reconoció al muchacho.   4. **Los padres** tienen el derecho a decidir.   5. No puedo creer que **el niño** muriera en la operación.   6. **Nosotros** debemos decírselo.   7. **Nosotros** no sabíamos quienes eran los padres.   8. En este caso, **el médico** no debe operar.   9. **El Estado** no tiene el derecho de matar.   10. **El abogado** debe defender al médico que operó.

B. *Cambie los nombres o pronombres objetos de verbos u objetos de preposiciones usa-dos en las siguientes oraciones, por los indefinidos* **alguien** *o* **nadie,** *según el caso requiera:*

Modelos: Vi a **Tomás** en la sala de emergencias.
             Vi a **alguien** en la sala de emergencias.

             El médico **no** operó **al enfermo.**
             El médico **no** operó a **nadie.**

1. ¿Le diría usted eso al **director del hospital?**   2. El médico quiere ver a **la enfermera.**
3. El Estado no puede negarles a **sus integrantes** el derecho a la vida.   4. El cirujano no debe consultar con **los padres.**   5. La enfermera no llamó al **padre.**   6. El hospital notificó el caso a **la policía.**   7. Esa religión tiene doctrinas que no le gustan a **usted.**
8. ¿Quieres que le digamos a **Pedro** cómo debe criar a sus hijos?   9. El médico está invadiendo la casa de **los Fulano.**   10. No tengo el derecho de criticar a **la enfermera.**

16. Los indefinidos *alguno* y *ninguno*

Estos dos vocablos tienen función adjetival o pronominal. Pueden referirse a personas o cosas indefinidas o indeterminadas.

Como adjetivos concuerdan en género y número con el nombre que modifican, y cuando se usan anteponiéndolos a un nombre masculino singular pierden la vocal final **o.** Regularmente estos adjetivos se usan anteponiéndolos al nombre.

¿Tiene usted **algún** derecho que reclamar?

No tengo **ningún** derecho que reclamar.

Algunas preguntas son difíciles de tratar.

No respondió **ninguna** pregunta.

Como pronombres, pueden ser sujetos u objetos del verbo, y su género dependerá del antecedente nominal a que se refieran. **Alguno** puede tomar la forma plural, aunque **ninguno,** por ser un negativo, generalmente se usa en singular.

¿Vinieron hoy **las enfermeras** a trabajar? (antecedente nominal)

Algunas vinieron. (pronombre sujeto)

Ninguna vino.   o   **No** vino **ninguna.** (pronombre sujeto)

¿Has visto a **los pacientes** hoy? (antecedente nominal)

He visto a **algunos.** (pronombre objeto)

No he visto a **ninguno.**   o   A **ninguno** he visto. (pronombre objeto)

Ya se ha dicho que el vocablo **ninguno** es negativo; da la idea de no existencia, por lo que regularmente se usa en la forma singular, con el nombre también en singular cuando **ninguno** tiene función adjetival. Sólo en casos poco frecuentes se usa en plural. Por ejemplo:

No tengo **ningunas** ganas.

Tampoco se usa **ninguno** en preguntas, a no ser que se espere una respuesta negativa.

¿No le queda **ninguna** pregunta que hacer?

¿**Ninguno** de los médicos quiere operar?

EJERCICIOS

A. *Cambie las siguientes oraciones, haciendo uso de* **alguno** *o* **ninguno** *como adjetivos según el caso, manteniendo el sentido afirmativo o negativo de la oración, de acuerdo con los modelos:*

Modelo: Las religiones son buenas.
             Algunas religiones son buenas.

             La religión no es mala.
             Ninguna religión es mala.
             No es mala **ninguna** religión.

1. **Ciertos** derechos a la vida son inviolables.   2. **Las** sociedades no son perfectas.
3. **Muchos** padres son ignorantes y crueles.   4. El Estado no debe decidir por nosotros.
5. La enfermera no puede sustituir al médico.   6. **Los** hospitales tienen pocos médicos y enfermeras.   7. **Todas** las creencias religiosas son buenas.   8. **Pocas** enfermedades son mortales.   9. **Las** leyes no pueden interferir con la educación de los hijos.   10. **Una** creencia personal no debe decidir este caso.

B.   *Conteste las siguientes preguntas: 1) negativamente, con adjetivo: 2) negativamente, con pronombre; y 3) afirmativamente, con pronombre; de acuerdo con el modelo:*

PREGUNTA:	¿Algunos médicos son malos?	
RESPUESTA 1):	No, **ningún** médico es malo.	(adjetivo)
RESPUESTA 2):	No, **ninguno** es malo.	(pronombre)
RESPUESTA 3):	Sí, **algunos** son malos.	(pronombre)

1. ¿Son difíciles de resolver algunas situaciones?   2. ¿Algunos padres tienen derechos sobre la vida de sus hijos?   3. ¿Algún derecho es más importante que el derecho a vivir?
4. ¿Deben algunos gobiernos intervenir en estos casos?   5. ¿Pueden algunas enfermeras sustituir al médico?   6. ¿Vinieron algunas enfermeras?   7. ¿Algunas personas creen que el médico no debió operar?   8. ¿Son muy rápidas algunas ambulancias?

17. Los indefinidos *algo* y *nada*

Algo y **nada** tienen funciones de pronombres o de adverbios. Como pronombres, pueden ser sujetos u objetos de verbos. Como adverbios, generalmente modifican un adjetivo. **Algo** es afirmativo, mientras que **nada** es negativo. Ambos vocablos dan una idea indefinida o indeterminada, y sólo se usan en singular.

> **Algo** está sucediendo en el hospital. (pronombre sujeto)
>
> **Nada** tiene importancia. (pronombre sujeto)
>
> ¿Tiene usted **algo** para mí? (pronombre objeto)
>
> **No** tengo **nada** para usted. (pronombre objeto)
>
> La operación fue **algo** complicada. (adverbio)
>
> El médico actuó en forma **nada** científica. (adverbio)

EJERCICIOS ───────────────────────────────

A. Conteste en forma afirmativa primero, y negativa después, las siguientes preguntas:

1. ¿Se puede hacer algo por salvarle la vida?   **2.** ¿No haría usted nada antes de llamar al hospital?   **3.** ¿Tiene usted algo que decir en este caso?   **4.** ¿Sirve para algo que uno sea pragmatista?   **5.** ¿En este mundo algo vale la pena?   **6.** ¿Nada pudo decir el médico, después que el paciente murió?   **7.** ¿Hay algo mejor que salvar una vida?   **8.** ¿Quieres darme algo de comer?   **9.** ¿Está pasando algo en la sala de operaciones?   **10.** ¿Nada pudo hacer el abogado para defender al médico?

B. Modifique las siguientes oraciones, añadiendo los adverbios **algo** *o* **nada**, *a su conveniencia:*

> Modelo: El niño está mejor.
>
> El niño está **algo** mejor.
>
> El niño no está **nada** mejor.

1. Los padres están equivocados.   **2.** Esa religión es antigua.   **3.** La enfermera tiene una responsabilidad grande.   **4.** Eso no es importante.   **5.** El hospital tiene una sala de emergencias moderna.   **6.** La ambulancia llegó tarde.   **7.** Esa ambulancia no es moderna.   **8.** El médico está nervioso.   **9.** Este caso de emergencia ha sido difícil. **10.** El otro caso no fue fácil.

18. Uso de los adverbios *alguna vez, nunca* y *jamás*

Alguna vez y su forma plural **algunas veces** son afirmativos; **nunca** y **jamás** son negativos, y prácticamente sinónimos.

Alguna vez se usa, regularmente, para preguntar acerca de la realización de una acción. Al responderse la pregunta en sentido afirmativo no debe repetirse o usarse esa expresión en su forma singular, aunque sí es posible usar su forma plural. Si la respuesta fuera negativa, podrá usarse **nunca** o **jamás. Nunca** o **jamás** pueden usarse también para formular preguntas, cuando la respuesta que se espera es negativa: ¿**Nunca** *ha estado usted en Nueva York?* ¿**Jamás** *ha visto un accidente?*

PREGUNTA:	¿Ha estado usted **alguna vez** en California?
POSIBLES RESPUESTAS AFIRMATIVAS:	Sí, he estado en California varias veces.
	Sí, he estado en California solamente una vez.
	Sí, he estado en California **algunas** veces.
	Sí, he estado en California dos veces.
RESPUESTAS NEGATIVAS	**No, nunca** he estado en California.
	No, jamás he estado en California.
	No, **no** he estado **nunca** en California.
	No, **no** he estado **jamás** en California.

EJERCICIO

Conteste en forma afirmativa primero y negativa después, las siguientes preguntas:

1. ¿Nunca ha visto usted una operación de apendicitis?   2. ¿Han visitado sus padres alguna vez la Clínica de los Mayo?   3. ¿Ha ingresado usted alguna vez en un hospital? 4. ¿Hemos pensado alguna vez en renunciar a nuestros derechos?   5. ¿Ha viajado usted alguna vez en una ambulancia?   6. ¿Le ha dicho alguien alguna vez cómo debe criar a sus hijos?   7. ¿Nunca ha oído usted hablar de esa secta religiosa?   8. ¿Jamás ha criticado su padre a alguien por sus creencias religiosas?   9. ¿Ha tenido usted alguna vez un problema de conciencia?   10. ¿Ha presenciado alguna vez un accidente?

EJERCICIOS DE VOCABULARIO

A.   Complete con una palabra lógica y correcta.

1.   En la sala de emergencias de las ciudades _____ se puede ver a muchas víctimas de accidentes y crímenes.

2.   El médico de guardia en la sala de emergencias generalmente es _____ sin mucha experiencia.

3.   Algunas _____ religiosas prohíben el uso del alcohol.

4. El _____ a vivir es algo fundamental.

5. El médico tiene la responsabilidad de _____ la vida de su paciente.

6. En los casos morales debemos seguir lo que nos dice nuestra propia _____.

7. En general, los padres deben _____ sobre los asuntos de sus hijos.

8. En su propia casa los padres son como los _____ en su palacio.

9. Los padres tienen la libertad de criar a sus propios _____.

10. Nadie puede _____ nuestra casa y mandarnos.

11. Se puede tomar una decisión _____ y equivocarse, pero no es nuestro derecho.

B. Complete con su propia opinión.

1. Algunos creen que las sectas religiosas que prohíben el uso de la medicina están equivocadas porque _____.

2. Los médicos deben pensar primero en salvar la vida que en cuestiones legales porque _____.

3. Nadie puede mandarme en la crianza de mi propia familia porque _____.

4. Si en este caso de emergencia el niño muriera, _____.

5. Aunque el derecho de los padres sea fundamental _____.

C. ¿Está de acuerdo con las siguientes afirmaciones? Explique sus razones con claridad.

1. Algunos líderes de las sectas religiosas son fanáticos que pueden poner en peligro las vidas de su gente.

2. Con todo lo que sabemos hoy en la ciencia y el mundo natural, las religiones no deben mantener ciertas creencias anticuadas.

3. El médico de hoy no puede pensar sólo en salvar la vida de su paciente pues vivimos en un mundo muy complicado legalmente.

DESAFÍO DE PALABRAS

Busque la palabra del segundo grupo que mejor defina o describa las del primero.

sala	luego	tendido
trascender	contestar	salvar
grave	alternativa	lujoso
sabio	quitar	agradar

después	rescatar	traspasar
rico	serio	posibilidad
acostado	responder	inteligente
tomar de	satisfacer	cuarto

PRIMER JUEGO

¿Quién soy?

Anoche, cuatro jóvenes estaban charlando sobre diversos tópicos, inclusive sobre el futuro, los estudios y los héroes. Pedro, un muchacho muy serio, iba a decirles a los otros quién era el hombre que él más admiraba en la historia, pero en el momento en que se dispuso a identificar a su héroe, Enrique, el payaso del grupo, le interrumpió diciéndole que tal personaje era Hitler. Claro que estaba equivocado, pero los otros siguieron el juego; Manolo dijo que era George Washington y Pepe dijo que era Bolívar. Como ninguno de los tres adivinó la identidad del personaje, casi espontáneamente empezaron a hacerle las siguientes preguntas a Pedro. Las respuestas que Pedro dio aparecen en letra cursiva.

1. ¿Tu héroe es hombre? *Sí.*
2. ¿Vive? *No.*
3. ¿Murió en este siglo? *No.*
4. ¿Murió en el siglo pasado? *Sí.*
5. ¿Era estadounidense? *No.*
6. ¿Europeo? *Sí.*
7. ¿Era artista? *No.*
8. ¿Hizo política? *Sí.*
9. ¿Era famoso en la vida militar? *Sí.*
10. ¿Era además un escritor famoso? *No.*
11. ¿Murió en batalla? *No.*
12. ¿Era un emperador, rey o primer ministro? *Sí.*
13. ¿Era hijo de padres ricos? *No muy ricos.*
14. ¿Nació en el siglo XIX? *No.*
15. ¿Era inglés? *No.*
16. ¿Era italiano? *En cierto sentido, sí.*
17. ¿Nació en Francia? *No.*
18. ¿Era de baja estatura? *Sí.*
19. ¿Era emperador de Francia? *Sí.*
20. ¡Ah! Entonces, tu héroe es Napoleón. *Sí.*

Como pueden apreciar, las preguntas han sido del tipo que tienen que contestarse con sí o con no. No traten de averiguar el nombre con la primera pregunta; es mucho más lógico tratar de enterarse de algunos hechos y poco a poco localizar al individuo.

Para llevar a efecto este juego, la clase puede dividirse en grupos de cinco o seis estudiantes, de modo que un miembro de cada grupo puede ser el seleccionador y otro el árbitro. Los tres o cuatro restantes deben hacerle preguntas, siendo ellos los adivinadores. El seleccionador debe contestarlas lo mejor que pueda con la ayuda del árbitro, quien puede resolver cuestiones de duda. El que adivine la identidad será el nuevo seleccionador, quien nombrará a un nuevo árbitro, continuando así el juego. En caso de que los adivinadores se den por vencidos porque no pueden adivinar, el seleccionador tomará otro turno hasta que los otros adivinen. Todos deben estar listos para dar tres o cuatro turnos, es decir, haber seleccionado a tres o cuatro personajes conocidos.

ALGUNAS SUGERENCIAS PARA EL JUEGO

A los efectos de facilitar la selección de personajes famosos, se ofrece a continuación una lista de algunas de las distintas actividades, profesiones o posiciones que han podido desarrollar en su vida los miles de personas que han pasado a la historia, o que viven en la actualidad y ya han adquirido fama nacional o internacional:

presidentes	políticos	criminales famosos
reyes, reinas	dictadores	primer ministros
emperadores	artistas	pintores
poetas	dramaturgos	estrellas del cine
escritores	escultores	inventores
novelistas	arquitectos	revolucionarios
científicos	futbolistas	beisbolistas
actores	compositores	personajes de ficción
cantantes	músicos	idealistas
estrellas de televisión	filósofos	millonarios
profetas	hombres de negocio	soldados

REPASO GRAMATICAL

19. El verbo *ser* y sus usos

El verbo **ser** es, tal vez, el más fundamental de los verbos, porque indica la existencia, o falta, de una persona o cosa.

A. *Identidad o identificación*

El verbo **ser** identifica o nombra a una persona o cosa:

> ¿Quién **es**?
> Creo que **es** Ernesto Mares.
>
> ¿Quién **fue** el general que tomó El Álamo?
> **Fue** Santa Anna, no Porfirio Díaz.
>
> ¿Qué **es** esto?
> **Es** una discusión sobre la religión.

B. *Definición*

Para definir a una persona o una cosa se usa el verbo **ser**:

> ¿Qué **es** un gato?
> **Es** un animal doméstico. También **es** un instrumento muy útil para cambiar la llanta de un automóvil, o puede **ser** una danza folclórica argentina.
>
> ¿Quién **fue** Porfirio Díaz?
> Él **fue** dictador de México entre 1876 y 1910.

C. *Características naturales o inherentes*

Para describir una característica o propiedad que es natural, no accidental, de una persona o cosa, se usa el verbo **ser**:

Característica física:
> Napoleón **era** bajo.
> La ciudad de Madrid **es** grande y bonita.
> Sus ojos **son** azules.

Característica intelectual:
> Juárez **era** muy astuto.
> **Somos** inteligentes pero no lo entendemos.

Característica de temperamento o emoción:
>Ella **es** muy callada; casi nunca habla.
>Los tigres **son** feroces, pero el que yo vi **era** manso.

Adjetivos de religión, nacionalidad:
>**Somos** católicos, pero **éramos** protestantes.
>¿**Eres** cubano o puertorriqueño?

D. *El verbo* ser *indica origen o material:*

Napoleón **era** de Córcega, no de Francia.

¿**Era** José Hernández de Madrid?

Aunque la radio parece **ser** de madera, **es** de plástico.

E. *El verbo* ser *denota posesión:*

¿De quién **es** esta botella de vino?

Creo que **es** mía, la otra **es** tuya.

F. *Para referirse a la hora, al día, al mes y al año se usa el verbo* ser:

¿Qué hora **será**?

Serán las dos, o tal vez **es** la una y media.

G. *El verbo* ser *expresa dónde tiene lugar una acción:*
>¿Dónde **fue** la gran derrota de Napoleón?
>¿**Sería** en España? No, creo que **fue** en Waterloo.

EJERCICIO

Conteste con oraciones completas las siguientes preguntas:

1. ¿Es usted estadounidense?   2. ¿De qué país son sus padres?   3. ¿Cómo es usted físicamente?   4. ¿Cómo es el temperamento de los latinos?   5. ¿El futuro de este país será bueno o malo?   6. ¿Qué hora es? ¿Qué hora era anoche cuando se durmió?   7. ¿Qué día es hoy?   8. ¿Es usted socialista, demócrata o republicano?   9. ¿Era Lincoln conservador o liberal?   10. ¿Quién es el Primer Ministro de Inglaterra? ¿Es conservador?   11. ¿De dónde era Che Guevara?   12. ¿De qué material es este libro?   13. ¿Su casa es de madera o de ladrillo?   14. ¿Ha sido usted muy estudioso este año?   15. ¿Qué es un perro? ¿Y una banana?   16. ¿Cómo es el gobierno de Cuba hoy?   17. ¿Dónde fue la última gran batalla de la Segunda Guerra Mundial?   18. ¿Qué es la filosofía?, ¿un arte o una ciencia?   19. ¿Es rico o pobre Rockefeller?   20. ¿Han sido fáciles estas preguntas?

CAPÍTULO 10

EL ABORTO

▼▼▼

¿Quién tiene la razón?

Éste es un tema del cual se hablará y discutirá por muchos años. Tal vez nunca nos pongamos de acuerdo, o al menos por mucho tiempo será controvertible y debatible.

Es un asunto que cae en lo personal y en lo colectivo. Afecta al individuo y a la sociedad. Parece invadir la privacidad y la libre determinación de la persona y, por otra parte, parece lesionar leyes fundamentales de la supervivencia humana.

¿Tiene la mujer —y también el hombre— el derecho a decidir por sí mismos la futura vida o la prematura muerte de un embrión en estado de gestación?

¿Tiene el feto —ya palpitante en el vientre de la mujer— el derecho a que se le respete la vida y se le garantice, en lo posible, la facultad de ver la luz del día, de desarrollarse, crecer y salir a la contienda de lo que es la existencia en la comunidad de los seres humanos?

Éstas son las dos alternativas que tanto se han discutido entre nosotros, los que vivimos, los que no fuimos truncados durante ese proceso maravilloso y misterioso, que es el período en que fuimos formados en el cuerpo de quien, con su propia sangre y su misma vida, nos la dio.

Hombres, mujeres, grupos, organizaciones, gobernantes, jueces, religiosos, están enfrascados en este dilema que parece no tener solución nunca.

Son muchas las razones y argumentos dados en pro y en contra del aborto. ¿Nos pondremos de acuerdo alguna vez? ¿Quién tiene la razón? Analicemos y discutamos, según nuestras convicciones y creencias, los diversos aspectos de este trascendental tema.

PREGUNTAS

1. ¿Qué es el aborto?
2. ¿Por qué se debate tanto este tema?

3. ¿Cree que este asunto sea realmente trascendental y merezca la pena discutirlo? Explique su respuesta.

4. ¿Cuál ha sido la decisión de las Cortes de Justicia en este problema?

5. ¿Cree que las Cortes cambiarán su criterio o no? Explíquese.

Apoyamos el aborto

La mujer, y en muchos casos el hombre que participó en la fecundación, tienen el inalienable derecho a decidir por sí mismos si el futuro fruto de su unión, es decir el feto en formación, debe continuar su proceso de desarrollo y convertirse en un ser humano.

Las leyes y regulaciones de muchos países prescriben que mientras el feto permanece en el claustro materno, no se ha completado la persona, no hay sujeto de derechos y obligaciones, no hay personalidad jurídica; en otras palabras no existe un ser humano. Así pues, es potestativo de la mujer decidir su futuro.

El traer un hijo al mundo implica un cúmulo de responsabilidades que no siempre los padres pueden confrontar. Muchos matrimonios tratan de evitar tener hijos a través de distintos medios, unos usando píldoras contraceptivas, otros usando artículos profilácticos y preservativos, algunos absteniéndose del acto sexual durante los días en que la mujer fecunda, etc., pero estos medios no son infalibles y en muchas ocasiones la mujer queda embarazada. ¿Qué hacer entonces? No hay otra alternativa que el aborto.

Hay muchas razones por las cuales una mujer o un matrimonio no quieren el hijo que han engendrado. Si la mujer es soltera y ha tenido relaciones íntimas con un hombre a quien casi no conoce, y sabe que él no ha de acordarse nunca más de ella, el futuro hijo será un hijo sin padre. Quizá haya un matrimonio que ya tiene varios hijos y no puede económicamente responsabilizarse con otro. La mujer que es violada, ¿querrá tener un hijo, producto de ese acto infame? Claro que no. Entonces, tendrá que recurrir al aborto.

El aborto está justificado en muchos casos, y aun cuando no exista una justificación, creemos que las personas afectadas por la situación tienen el derecho a resolver el problema libremente, sin que ello constituya un crimen o un delito.

PREGUNTAS

1. ¿Qué opinión tiene usted de las personas que carecen de un padre reconocido?

2. ¿Qué opina de un matrimonio que recurre al aborto por estimar que sus medios económicos no le permiten tener hijos?

3. ¿Qué debe hacer una mujer que ha sido violada y queda en estado de embarazo?

4. ¿Qué opina de los métodos contraceptivos para evitar la fecundación?

5. ¿Cuál es la posición de su religión en materia de aborto?

Condenamos el aborto

Comencemos diciendo que el aborto, en un sentido amplio y general, es un crimen, un asesinato cometido con premeditación, ensañamiento y alevosía. Se le está quitando la vida a un ser humano que no tiene la más mínima oportunidad de defenderse de esa agresión infame y cobarde.

Que no digan los partidarios del aborto que lo que ya palpita en el vientre de la mujer no es un ser humano, porque sí lo es. Si no es un ser humano, ¿qué es entonces? ¿Es acaso un monstruo, una alimaña, una masa amorfa? No. Es un cuerpo viviente, producto de otros dos cuerpos; es un cuerpo con todos los atributos del ser humano, con sus ojitos, sus bracitos, sus piernitas, sus órganos genitales, hembra o varón. Es toda una vida humana, que al primer contacto con el mundo exterior lo primero que hace es gritar como pidiendo que le den la bienvenida y la oportunidad de ser niño, adolescente, joven, adulto, viejo, hasta cumplir con el ciclo de la vida del ser humano, y contribuir con sus dotes, capacidades y esfuerzos al desarrollo de la especie.

El aborto es un acto criminal que viola las leyes de la naturaleza. La persona que lo realiza se niega a sí misma. Dios, creador de todos los seres vivientes, les dio la oportunidad de multiplicarse, y desde los más inferiores hasta los más superiores, los dotó para su procreación y aumento de la especie. El ser superior a todos —el hombre— se rebela contra esa ley divina, y con el aborto se suicida y destruye el único medio para perpetuarse.

Luchemos con todas nuestras fuerzas para erradicar el aborto. Pongamos nuestros recursos y capacidades para combatirlo. Hagamos llegar nuestras voces y razonamientos a las autoridades judiciales, gubernamentales y legislativas para convencerlas de la necesidad de declarar la ilegalidad de ese terrible e inhumano acto.

PREGUNTAS

1. ¿Qué diferencias existen entre un homicidio y un asesinato?
2. ¿Qué características determinan a un ser humano?
3. ¿Existe en el reino animal alguna especie que practique el aborto? ¿Cuál es?
4. ¿Cuál es su opinión de los médicos que hacen abortos?
5. ¿Hay entre los seres humanos alguna raza o algún grupo social que practique el aborto más que otro? ¿Cuál es?

V·O·C·A·B·U·L·A·R·I·O

alevosía   traición, perfidia

alimaña   animal

amorfo   sin forma regular o bien determinada

aumentar   acrecentar, dar mayor extensión

brazos   extremedidades superiores de una persona

claustro materno   lugar que ocupa el feto en el cuerpo de la mujer

crecer   aumentar de tamaño

cuerpo   sustancia material; materia completa de una persona o animal

cúmulo   gran cantidad de ciertas cosas

desarrollarse   ampliarse, desenvolverse

diverso   diferente, de distinta naturaleza

dotes   cualidades

enfrascado   dedicado a algo con todo interés y atención

ensañamiento   uso de mucha crueldad con víctima de un crimen

erradicar   extirpar totalmente cualquier cosa

gestación   tiempo que dura la preñez

gritar   clamar

hembra   persona o animal de sexo femenino

libremente   con libertad

luz   lo que ilumina las cosas

masa   cantidad de materia de un cuerpo

pedir   hacer una petición

piernas   extremedidades inferiores de una persona

píldora   medicamento en forma sólida, pequeña

potestativo   que está en la facultad de uno

procrear   multiplicar una especie

quedar embarazada   inicio de la gestación en la mujer

sujeto   persona

truncar   cortar una parte a cualquier cosa

varón   persona de sexo masculino

vientre   abdomen

REPASO GRAMATICAL

20. Los pronombres reflexivos objetos de preposiciones

Los pronombres reflexivos que son objetos de preposiciones son: **mí, ti,** (para la primera y segunda persona singular, respectivamente), **sí** (para la tercera persona, singular y plural), **nosotros** y **vosotros** (para la primera y segunda persona plural, respectivamente). El adjetivo **mismo** y sus formas se añaden frecuentemente para dar énfasis a la expresión.

Primero, yo pensaría **en ti;** y luego pensaría **en mí mismo.**
Tengo que luchar **por vosotros** y **por mí.**
El político siempre está hablando **de sí mismo.**

Los esposos tienen que decidir **por sí mismos.**

¿Vas a pensar **en ti** o en tu futuro hijo?

El tema de conversación de ellas es **sobre sí mismas,** no **sobre nosotros.**

EJERCICIO

Conteste las siguientes preguntas, afirmativa o negativamente, a favor o en contra de la primera o de la segunda alternativa, es decir, como mejor le sea conveniente:

Modelo: ¿Se preocupa **por sí mismo,** o se preocupa **por nosotros?**
              Sí, se preocupa **por sí mismo** y no se preocupa **por nosotros.**
              No se preocupa **por sí mismo,** se preocupa **por nosotros.**
              Ni se preocupa **por sí mismo** ni se preocupa **por nosotros.**

1. ¿Para quién trabajan los legisladores?, ¿para ti y para mí, o para sí mismos?   **2.** ¿Están ustedes hablando de mí o de todos nosotros?   **3.** ¿Quieres hablar por ti misma o por mí?   **4.** ¿Generalmente, los jueces deciden por sí mismos o por las presiones de los religiosos?   **5.** ¿Debe la madre confiar en mí, que soy su esposo?   **6.** ¿Puede el feto decidir por sí mismo su futura suerte?   **7.** ¿Tenemos, tú y yo, el inalienable derecho a tomar una decisión por nosotros mismos?   **8.** ¿Pensarán los políticos en nosotros o en sí mismos?

21. Los pronombres reflexivos *mí, ti* y *sí* como objetos de la preposición *con*

Los pronombres reflexivos **mí, ti** y **sí,** cuando son objetos de la preposición **con,** adoptan la forma de **migo, tigo** y **sigo** y van unidos a dicha preposición formando una sola palabra: **conmigo, contigo** y **consigo.**

Mis hijos van **conmigo** a todas partes.

Tu mamá fue **contigo** al hospital.

Él llevaba **consigo** todo el dinero.

EJERCICIO

Conteste las siguientes preguntas con oraciones completas:

Modelo: ¿Vas a discutir este problema **conmigo?**
              Sí, voy a discutirlo **contigo.**

1. ¿Quieres que yo vaya contigo a discutir con el médico tu posible aborto?   **2.** ¿Estás de acuerdo conmigo en que el aborto es un crimen?   **3.** ¿Tiene usted consigo toda la información necesaria para diagnosticar su caso?   **4.** ¿Desea tu amiga estar tranquila consigo misma o ponerse de acuerdo contigo?   **5.** ¿Debemos nosotros cumplir con nuestras obligaciones o, por el contrario, discutirlas contigo?

EJERCICIOS DE VOCABULARIO

A. Complete con una palabra lógica y correcta.

1. El feto vive en el claustro _____ por nueve meses.
2. Algunos piensan que el _____ es el acto de matar al feto.
3. El embrión vive en el _____ de su madre.
4. El feto es una _____ humana, no una alimaña.
5. Es la mujer que debe _____ si un aborto está justificado.
6. Algunos usan artículos profilácticos para _____ la concepción.
7. Hay ciertos días en su _____ menstrual cuando la mujer fecunda.
8. El feto tiene todos los atributos _____ de un ser humano.
9. Nadie tiene el _____ a decirle a la mujer que debe dar a luz.
10. En algunos lugares el aborto es un acto _____.
11. El feto se desarrolla en el _____ de su madre.

B. Complete con su propia opinión.

1. Es difícil discutir el tema del aborto porque _____.
2. Muchos dicen que el feto no es una persona hasta que _____.
3. El feto tiene el derecho a vivir pero _____.
4. Nadie puede decirle a la mujer lo que debe hacer porque _____.
5. Es fácil que un hombre se oponga al aborto porque _____.
6. Muchos se oponen al aborto porque _____.

C. ¿Está de acuerdo con las siguientes afirmaciones? Explique sus razones con claridad.

1. El aborto no es nada más que el asesinato de un ser humano que no puede defenderse.
2. Muchas mujeres dicen que ellas no tienen control sobre su propio cuerpo.
3. Sería más fácil llegar a un acuerdo en el tema del aborto si pudiéramos estar de acuerdo sobre la definición de un ser humano.
4. Las mujeres que deciden abortar sufren mucho antes de tomar esa decisión.

DESAFÍO DE PALABRAS ——————————————

Busque en el segundo grupo de palabras el opuesto de cada palabra del primero.

superior	negar	divino
destruir	amplio	mínimo
viviente	primero	acordarse
futuro	permanecer	hermoso
pasado	admitir	inferior
construir	estrecho	olvidarse
feo	muerto	último
salir	máximo	humano

Busque en el segundo grupo de palabras un sinónimo para cada palabra del primero.

afectar	determinación	muerte
garantizar	contienda	maravilloso
diversos	continuar	delito
asesinato	dote	erradicar
decisión	disputa	fallecimiento
asegurar	seguir	crimen
influir	homicidio	asombroso
borrar	varios	cualidad

CAPÍTULO 11

LA EUTANASIA

▼▼▼

¿Acto de bondad u homicidio?

Es una escena que se ha repetido muchas veces en películas, programas de televisión, libros, y aun en nuestras imaginaciones: un ser amado está muriéndose poco a poco, sufriendo, apenas respirando a través de una máquina. Para nosotros, es nuestra madre o nuestro hijo, pero el mundo lo llama un "vegetal" porque no habla, no oye, no puede comer, ni beber, ni razonar. Solamente es capaz de seguir existiendo, gracias a que su corazón continúa latiendo. Nos apena, nos causa mucho dolor verlo así porque lo recordamos como un ser fuerte, lleno de vitalidad, vibrante. Su cuerpo, que una vez guardaba vida llena y repleta de esperanzas, ahora depende frágilmente de una máquina. ¡Ni siquiera es capaz de respirar por su cuenta! Sentimos que ese cuerpo, tendido en esa cama, no es el ser que tanto hemos querido porque su esencia ya se fue, dejando un cuerpo gastado.

Así lo pintan los escritores, los directores de películas y programas de televisión; pero en cierta medida ésta es, más o menos, la dura realidad cuando alguien se enferma gravemente o ha sufrido un terrible accidente y los médicos declaran que no se puede curar porque el cerebro ya murió. Sólo el corazón y otros órganos continúan funcionando.

Mucha gente no puede aguantar esa escena tan dolorosa y deprimente. Piensan en el concepto antiguo de la muerte buena y tranquila, digna para una persona que hemos amado tanto y que no podemos dejar vivir así, en esa forma tan innoble.

¿Se puede justificar la eutanasia? ¿Podría usted, podría yo, dejar que se muriera un familiar, tomando la decisión directa de causar su muerte? ¿Es simplemente un homicidio premeditado, cruel y frío, o un acto de compasión alto y noble?

¿Qué haría usted si se encontrara en esa situación? ¿Podría desenchufar la respiradora? ¿O preferiría que su familiar continuara respirando hasta que exhalara su último aliento?

PREGUNTAS ───

1. ¿Cómo definiría usted la eutanasia?
2. ¿Qué experiencia ha tenido relacionada con la eutanasia?
3. ¿Por qué llaman "vegetal" a algunas personas muy enfermas?
4. En el caso hipotético de que usted se encontrara viviendo como un "vegetal", ¿desearía que le desconectaran la máquina de respirar o que lo mantuvieran "vivo"? Explique sus razones.
5. ¿Puede citar algún caso de eutanasia que haya tenido recientemente publicidad nacional o internacional? Dé detalles.

Sería un acto de bondad

Para pensar sensatamente en la eutanasia tenemos que ponernos en el lugar de la persona que sufre y está muriendo. ¿Querría usted vivir como un vegetal? Nadie lo querría. La vida no es solamente el latir del corazón; no es una simple bomba que hace circular la sangre por las venas y las arterias. Si eso es sólo lo que nos queda, uno no es nada más que un cuerpo cadavérico que resiste la muerte.

Los que afirman que no podemos dejar morir a alguien están hablando desde un punto de vista sentimental. Quieren mantener algo que ya se fue, ¿para qué? Creemos que es para evitar responsabilidades, o para no sentirse culpables por la decisión de no haber prolongado la vida inútil del ser amado. Hoy en día esta decisión es especialmente difícil debido a los grandes avances que la ciencia médica ha logrado. Gracias a nuevas medicinas, nuevas técnicas de curar y nuevas facilidades, se puede hacer volver a la vida, en algunos casos, a una persona aparentemente muerta. Pero no debemos olvidarnos que las células del cerebro una vez muertas no pueden regenerarse. Si el cerebro no recibe el oxígeno necesario esta persona nunca volverá a ser lo que fue, porque la inteligencia, la memoria, la capacidad de razonar, de amar, de sentir, de actuar como un ser humano residen en este órgano. Si este cuerpo no es capaz de actuar como un verdadero ser humano, ¿para qué mantenerlo vivo? ¿Simplemente porque tiene un corazón fuerte que continúa latiendo?

No queremos matar a nadie, mucho menos a un ser amado, pero tampoco queremos verlo existiendo sólo físicamente, sin la más mínima posibilidad de volver a ser una persona completa. ¿Qué dignidad hay en ese tipo de existencia? Ninguna. ¿No es mejor recordar a esta persona como era antes —fuerte, robusta, dinámica, entera? Hay un tiempo para nacer y otro para morir, y cuando llega ese tiempo debemos aceptarlo y tomar la decisión lógica. Si alguien sólo puede existir a través de una máquina externa y por medidas heroicas, su vida se ha prolongado demasiado. Somos nosotros los que nos engañamos. Tarde o temprano la muerte nos alcanzará.

PREGUNTAS

1. ¿Querría usted vivir como un "vegetal"? Explique.
2. ¿En qué casos cree que se debe aplicar la eutanasia?
3. ¿Cree realmente que mientras hay vida hay esperanza?
4. ¿Por qué se oponen muchas religiones a la eutanasia?
5. Si fuera un congresista, ¿votaría a favor o en contra de la eutanasia? Explique su respuesta.
6. En estos momentos, ¿tiene algún amigo o familiar sufriendo una enfermedad muy grave? ¿Quiere hablar del caso?

Sería un homicidio

Soy un gran optimista y creo que todo es posible, aun lo que otros llaman "lo imposible". Nunca podría permitir que un ser querido muriera por una decisión que yo tome. Para mí, esto no es nada más que otra forma de homicidio.

No se puede quitarle ni privarle la vida a nadie porque ella es sagrada, un don de Dios. Yo sé que en este caso el ser amado parece estar sufriendo, sin ninguna esperanza; pero, ¿quién ha determinado que no hay esperanzas? Si me contestan que fueron los médicos, les recordaré que aun los médicos más sabios se han equivocado antes, y puede ser que se equivoquen en este caso también. Creo que confiamos demasiado en los doctores, olvidándonos por completo que son seres humanos con las mismas limitaciones que todos tenemos.

Nunca podría fijarme un límite a las medidas que tuviera a mi disposición para prolongar la vida de un ser querido. Si no hiciera todo lo posible, sentiría que lo estoy traicionando. Sería una prueba de mi amor que aceptaría sin queja; así, él seguiría viviendo hasta que Dios y la naturaleza le anunciaran su final. ¡No lo abandonaría mientras le quedara una chispa de vida!

No podría vivir tranquilo si supiera que no hice todo lo que estuviera en mis manos para tenerlo aquí el mayor tiempo posible. Hay muchísimos ejemplos y casos de individuos que se desesperaron, y no hicieron lo máximo para salvar al ser querido; después se arrepintieron de haber sido débiles en el momento de tomar esa gran decisión. ¿Cómo podrían gozar de sus propias vidas sabiendo que se la privaron a otro?

La eutanasia es un ejemplo más del desprecio que tenemos por la vida en nuestro mundo moderno. Es como el aborto. Igualmente que los que no quieren sufrir con un bebé que no desean, los propagadores de la eutanasia tampoco necesitan de aquella persona. Todo esto no es más que puro egoísmo de querer vivir la vida libre de trastornos e inconveniencias como tener que cuidar y atender a una persona gravemente enferma. ¿Quiénes somos los seres humanos para decidir si alguien debe vivir o morir? ¿Cómo podemos suponer que esta persona quiere morir? Es una suposición trascendental que trae consigo una decisión de vida o muerte.

¿Dónde está esa línea que indica que uno no merece o no quiere vivir? Si optamos por la eutanasia trazamos esa línea, y eso es una responsabilidad muy grave, una que no quiero asumir.

PREGUNTAS

1. En su opinión, ¿la eutanasia es realmente un crimen? ¿Por qué?
2. Un hombre mata a su esposa porque hace muchos años que ella viene sufriendo de fuertes dolores de artritis, ¿es esto un homicidio o un acto de bondad? ¿Por qué?
3. ¿Conoce algún caso en el que una persona haya sido declarada prácticamente muerta y después se haya recuperado y vuelto a una vida más o menos normal? Descríbalo.
4. Se dice que las células del cerebro, una vez afectadas, no vuelven a regenerarse. ¿Cree que en el futuro esto pueda cambiar? ¿Por qué?
5. En el caso de que una persona sufra una enfermedad incurable y que viva a través de una máquina respiradora, y esta persona por algún medio expresa su deseo de morir, ¿debería practicarse la eutanasia y, consecuentemente, desenchufar la máquina? Explíquese.

V·O·C·A·B·U·L·A·R·I·O

aliento   respiración

apenarse   sentir dolor moral

apenas   con dificultad

bomba   máquina para elevar o impulsar líquidos

chispa   partícula de fuego que salta

culpable   que tiene falta, pecado

débil   falto de vigor y de energía

dejar   soltar, abandonar

desenchufar   desconectar un aparato o máquina eléctrica

don   cualidad

duro   fuerte

escena   parte de una obra teatral

fijar   determinar, señalar

gastado   consumido

guardar   cuidar, custodiar

indicar   dar a entender, señalar, significar

latido   movimiento de contracción y dilatación de los vasos sanguíneos

latir   dar latidos

merecer   ser digno de algo

película   cinta cinematográfica

por su cuenta   por sí mismo

queja   resentimiento, lamento, disgusto

razonar   discurrir, hablar

sabio   persona que sabe mucho

sangre   líquido que circula por las venas y las arterias

seguir (i)   continuar

sensatamente   con sentido común

tendido   acostado

trazar   delinear, diseñar

REPASO GRAMATICAL

22. El tiempo condicional o potencial

El tiempo condicional o potencial se usa para expresar una acción teórica o una que está basada en una hipótesis. Este tiempo indica una posibilidad, una suposición. Para formar este tiempo se añaden al infinitivo las siguientes terminaciones: **-ía, -ías, -ía, -íamos, -íais** e **-ían.** Ejemplos:

Yo no ayudar**ía** en una eutanasia.

¿Desear**ías** tú tener que decidir entre la vida y la muerte?

La escena se repetir**ía** todos los días.

Nosotros votar**íamos** a favor de la eutanasia.

¿Terminar**íais** vosotros la agonía del enfermo?

Los médicos decidir**ían** el futuro de la humanidad.

Hay algunos verbos que no toman el infinitivo, sino una raíz especial. Estos verbos son los mismos que aparecen en la página 135, donde se explica el tiempo futuro simple. Para formar el condicional de estos verbos se usa la raíz especial correspondiente, añadiéndose las terminaciones ya dadas. Ejemplos:

¿**Podría** usted decidir este asunto?

¿**Tendríamos** valor para acusar al médico?

EJERCICIOS

Cambie las siguientes oraciones al tiempo condicional:

Modelo: Me apena verlo enfermo.
               Me **apenaría** verlo enfermo.

1. El juez no perdona la eutanasia.   2. El médico dejó morir al enfermo.   3. Tú te fijas límites para una decisión futura.   4. Nosotros guardamos el secreto de lo que el enfermo dijo.   5. Yo no gasto mi tiempo en discusiones.   6. Mi corazón late con violencia. 7. Nosotros podremos buscar una segunda opinión.   8. ¿Quieres desenchufar la máquina de respirar?   9. Los familiares razonan de formas diferentes.   10. ¿Merecemos la suerte de vivir?

23. El condicional perfecto

El condicional perfecto se forma con el condicional del verbo **haber** y el participio pasivo del verbo de que se trate. Ejemplos:

Yo no lo **habría hecho.**

Tú lo **habrías conocido.**

María no lo **habría dicho.**

Nosotros **habríamos protestado.**

Vosotros **habríais luchado.**

Ellos **habrían prometido** su cooperación.

EJERCICIO ────────────────────────────────────

Cambie las siguientes oraciones al condicional perfecto:

Modelo: Yo no lo aprobaría.
               Yo no lo **habría aprobado.**

1. Las autoridades no aprueban la eutanasia.   **2.** Vivo feliz con mi conciencia.   **3.** Muchos individuos se desesperan al ayudar a los enfermos.   **4.** Me apena verlo así.   **5.** Los directores de películas pintan una escena terrible. **6.** El corazón latía con dificultad.   **7.** Las células del cerebro murieron mucho antes.   **8.** Ella y yo sufrimos un terrible accidente. **9.** ¿Querría usted vivir como un vegetal?   **10.** Tu vida se ha prolongado artificialmente.

EJERCICIOS DE VOCABULARIO
───

A. *Complete con una palabra lógica y correcta.*

1. Algunos piensan que la eutanasia es un acto de simpatía mientras otros dicen que es un acto _____.

2. Sería muy difícil abandonar la esperanza y _____ que debe morir.

3. Si el cerebro no responde, decimos que este ser es como un "_____".

4. Muchos médicos se han _____ en sus decisiones.

5. Si yo estuviera en tal situación, no podría _____ la respiradora.

6. El corazón puede seguir _____ pero el cerebro ha muerto.

7. Me sentiría muy _____ si tuviera que permitir la muerte de un amado.

8. Muchos se han desesperado antes pero muchos también mantuvieron _____.

9. Nadie debe causar la muerte de otro aun por razones _____ .

10. Con todos los avances que la _____ ha logrado, siempre hay esperanzas.

11. Es triste ver a un ser amado que antes era fuerte, _____ en su cama apenas respirando.

B. Complete con su propia opinión.

1. La eutanasia es un acto bondadoso porque _____ .

2. Debemos condenar la eutanasia porque _____ .

3. Si un familiar mío estuviera sufriendo sin remedio, yo _____ .

4. Si yo estuviera en esa situación, yo querría que mi familia _____ .

5. Nadie quiere ver que otro sufra pero _____ .

C. ¿Está de acuerdo con las siguientes afirmaciones? Explique sus razones con claridad.

1. La eutanasia seguirá siendo ilegal porque apreciamos la vida.

2. La eutanasia será un problema mayor en el futuro porque habrá más gente con más posibilidades de prolongar la vida.

3. Yo nunca podría desenchufar la máquina respiradora de un ser humano.

4. En nuestra sociedad tan pragmática algún día aceptaremos la eutanasia.

DESAFÍO DE PALABRAS

Busque en el segundo grupo de palabras, un sinónimo para cada palabra del primero. Tenga en cuenta que en un caso deberá buscar el opuesto.

aún	apenas	vacío
repleto	tendido	gastado
declarar	tranquilo	compasión
desenchufar	circular	evitar
culpable	avance	ínfimo
homicidio	sabio	privar
optar	trascendental	trastorno

completo	progreso	casi no
todavía	inteligente	quitar
asesinato	afirmar	importante
acostado	molestia	sereno
escoger	desconectar	responsable
lástima	usado	girar
pequeño	eludir	lleno *(op.)*

CAPÍTULO 12

ACTITUD CIUDADANA

▼▼▼

El respeto a la ley

La piedra fundamental en un estado de derecho es el respeto a la ley. Sin este respeto, sin este acatamiento, la convivencia entre los hombres, no puede producirse.

La anarquía, el caos, la desorganización, el crimen, el pillaje, son consecuencias y resultados de la falta de respeto a la ley.

Bajo un régimen democrático y liberal, donde los derechos fundamentales del hombre están garantizados, donde cada ciudadano puede expresar su opinión y ser oído por los gobernantes que él eligió, la falta de respeto a la ley no tiene justificación de ninguna clase. Si un grupo de ciudadanos no está de acuerdo con tal o cual disposición gubernamental, tiene el derecho a protestar cívicamente contra ella, empleando los medios legales que sus leyes le garantizan, pero no tiene derecho a desobedecer la ley, a realizar actos delictivos que lesionen los derechos de otros, como los saqueos de comercios, destrucción de propiedades, incendios, e inclusive rebelión contra las fuerzas públicas (policía, guardia nacional, ejército, etc.) que, en cumplimiento de su deber, tratan de imponer y restablecer el orden alterado.

Contra estos ciudadanos que invocan para sí un derecho determinado pero que al mismo tiempo están violando y desconociendo ese mismo derecho, coaccionando a otros y queriendo imponer por la fuerza y la violencia su manera de pensar, contra estos supuestos voceros de derechos que no saben respetar el derecho de los demás, debe caer el peso de la ley. Y los ciudadanos conscientes y respetuosos de las leyes, que velan por el orden, la justicia y el derecho de todos, deben aunar sus esfuerzos para que prevalezca el respeto a la ley, sin el cual se haría imposible la convivencia pacífica, pues prevalecería entonces la ley del más fuerte.

PREGUNTAS

1. ¿Qué entiende usted por "respeto a la ley"?
2. ¿Cree usted que el respeto a la ley es básico o esencial para la supervivencia y el desarrollo de un país? Explíquese.

3. ¿En qué consiste el derecho a protestar o disentir con una ley o disposición gubernamental?

4. ¿Qué consecuencias produce, o puede producir, en un estado de derecho, el no respetar la ley?

5. ¿Cree usted que en los Estados Unidos, actualmente, están garantizados los derechos fundamentales del hombre y, por lo tanto, el respeto a la ley es ineludible? Explíquese.

6. ¿Qué opinión tiene usted de la actuación de la fuerza pública de los Estados Unidos ante los ciudadanos que se niegan a respetar la ley?

La desobediencia civil

La historia de los pueblos está llena de episodios en los que la desobediencia civil ha jugado un papel decisivo en su futuro. En todos los casos esta actitud de desobediencia ha encontrado justificación, ya que se ha producido contra gobiernos o gobernantes tiránicos y despóticos, que han desconocido los principios y derechos fundamentales del hombre.

No hay dudas que cuando estos derechos —tales como la libertad de palabra, libertad de religión, igualdad de todos ante la ley— no son reconocidos a los ciudadanos de un país o nación, ellos tienen el derecho natural e inalienable a rebelarse contra las injusticias de los que gobiernan, produciéndose como primera manifestación de esa rebeldía la desobediencia civil, expresión del descontento y la oposición a la tiranía o al mal gobierno.

Casi todas las nuevas naciones de América, por ejemplo, pasaron por ese proceso de desobediencia civil contra los países que las colonizaron y que no tenían más objetivo que explotarlas en su provecho.

De la desobediencia civil se pasa a la guerra, que puede ser una guerra de independencia como en el caso de los Estados Unidos contra Inglaterra, el de las colonias hispanoamericanas contra España, o una guerra revolucionaria para derrocar a un tirano que oprime a su propio pueblo.

En todos estos casos la desobediencia civil está justificada porque los gobernantes optaron por desconocer las demandas de los ciudadanos que trataron, por los medios legales y cívicos, de protestar contra la falta de libertad y derechos. Cuando, a pesar de las protestas pacíficas y cívicas, la opresión continúa, la experiencia demuestra que ésta sólo termina por medio de la rebelión o la revolución violenta.

PREGUNTAS

1. ¿Qué entiende usted por "desobediencia civil"?

2. ¿Cree que cuando un ciudadano estima que una ley o disposición gubernamental es injusta tiene el derecho a desobedecerla? ¿Por qué?

3. ¿Cuándo cree que se justifica la desobediencia civil?

4. ¿En qué casos cree que la desobediencia civil es injustificada?

5. ¿Justifica en la actualidad la desobediencia civil en los Estados Unidos?

6. ¿Hasta qué grado cree que debe llegar la desobediencia civil?

7. ¿Justifica en algún caso la destrucción de propiedades, saqueos de comercios, incendios, bombas, atentados o secuestros como formas de protesta o desobediencia civil? ¿Por qué?

V·O·C·A·B·U·L·A·R·I·O

acatamiento   respeto, cumplimiento

alterado   cambiado, trastornado

atentado   delito consistente en intentar causar daños

aunar   unir, unificar

caos (el)   confusión, desorden

coaccionar   forzar

convivencia   estado de vivir con otros

cumplimiento   acción de ejecutar con exactitud una obligación

delictivo   criminal

derecho   ley, poder legal

derrocar   derribar, hacer caer un sistema de gobierno o a un gobernante

desconocer   ignorar, no hacer caso de

disentir (ie, i)   tener opinión opuesta a la de otro

incendio   destrucción de casas, edificios, bosques, etc., a causa del fuego

invocar   llamar a uno en hora de necesidad o auxilio

lesionar   dañar, perjudicar, herir

oprimir   sujetar tiránicamente

optar por   escoger

papel (el)   función, posición, parte de una obra teatral que representa cada actor

pillaje (el)   saqueo, robo

prevalecer   sobresalir, ser superior

rebeldía   acto del rebelde

saqueo   acción de robar y destruir propiedades

secuestro   acción de apoderarse de una persona para exigir algo por su rescate

velar   observar atentamente, cuidar

vocero   uno que habla en nombre de otro

REPASO GRAMATICAL

24. La terminación o sufijo -*mente* para la formación de adverbios

Un gran número de adverbios se forma añadiendo el sufijo -**mente** al singular femenino de un adjetivo.

Adjetivo	Adverbio
malo	mala**mente**
bueno	buena**mente**
rápido	rápida**mente**
lento	lenta**mente**

Si el adjetivo termina en la vocal **e** o en **consonante**, sencillamente se agrega -**mente** al singular.

Adjetivo	Adverbio
triste	triste**mente**
fácil	fácil**mente**
superior	superior**mente**
inteligente	inteligente**mente**

En los casos en que dos o más adverbios de esta clase se usan en sucesión, solamente el último toma el sufijo -**mente**, mientras que los anteriores mantienen la forma adjetival.

El Presidente habló **fuerte** y **enfáticamente**.

La Constitución determina **clara**, **franca** y **directamente** los derechos fundamentales del ciudadano.

En español, estos adverbios terminados en -**mente** pueden sustituirse en la mayoría de los casos, por una frase adverbial compuesta por la preposición **con** + **el sustantivo** o **nombre** de que se trate.

claramente	=	con claridad
propiamente	=	con propiedad
valientemente	=	con valentía
astutamente	=	con astucia

Es obvio que para usar esta frase adverbial es necesario conocer la forma nominal o sustantiva del adjetivo. (Al final de este capítulo se da una lista de adjetivos y nombres.) Como ya se advirtió anteriormente, no siempre se puede usar la frase adverbial en lugar del adverbio propiamente dicho. Por ejemplo, no es correcto decir: *El discurso fue* **con sociedad** *beneficioso,* sino que debemos decir: *El discurso fue* **socialmente** *beneficioso.*

EJERCICIOS ─────────────────────────────

A. Conteste las siguientes preguntas, usando la forma adverbial del adjetivo dado entre paréntesis.

Modelo: ¿Cómo habló el Presidente? (claro)
     El Presidente habló **claramente**.

1. ¿Cómo actuó la policía durante los desórdenes? (prudente) 2. ¿Cómo debe comportarse la ciudadanía? (respetuoso) 3. ¿Cómo puede la sociedad protestar de una ley poco popular? (cívico) 4. ¿Cómo debemos reaccionar contra los que alteran el orden? (fuerte) 5. ¿Cómo deben resolverse los conflictos entre el gobierno y el pueblo? (pacífico, imparcial y democrático) 6. ¿Cómo podríamos decir que gobierna un presidente que no respeta la Constitución? (tiránico y despótico) 7. ¿Cómo se rebelaron las colonias hispanoamericanas contra el despotismo de España? (franco y valiente) 8. ¿En qué forma debe luchar un pueblo contra la opresión de sus gobernantes? (patriótico e inteligente) 9. ¿Cómo actuaron los gobernantes de Inglaterra cuando las colonias americanas declararon su independencia? (fuerte y violento) 10. ¿Cómo debe ser tratado el individuo que desobedece la ley? (justo e imparcial)

*B. Conteste las preguntas del ejercicio A, usando la frase adverbial **con + nombre**.*

*C. Cambie las siguientes oraciones usando la frase adverbial **con + nombre**, en lugar del adverbio:*

Modelo: El presidente habló **claramente**.
     El presidente habló **con claridad**.

1. El derecho de protesta es invocado **sinceramente** por los pueblos conscientes. 2. La fuerza pública tiene el deber de imponer **justamente** las leyes. 3. El ciudadano que cumple **patrióticamente** con su deber es digno de alabanza. 4. Los agitadores se retiraron **rápidamente** al llegar la Guardia Nacional. 5. El presidente que gobierna **democráticamente** un país merece el respeto de su pueblo. 6. Cuando un tirano gobierna **despóticamente** a un pueblo, éste tiene el derecho de derrocarlo. 7. Los estadounidenses lucharon **valientemente** contra la tiranía inglesa. 8. Es necesario combatir al comunismo **inteligente** y **fieramente**. 9. Todos los pueblos quieren vivir pacífica y felizmente. 10. Para gobernar **legal** y **prudentemente** hay que oír al pueblo.

25. Uso de la *e* en vez de la conjunción *y*

La conjunción **y** se cambia por la vocal **e**, con la misma función cuando precede a una palabra que comienza con **i** o **hi**.

Tuve examen en filosofía **e** historia.
Visitarán Francia **e** Inglaterra.

EJERCICIOS ───

Cambie el orden de las palabras unidas por la conjunción y, *según el modelo:*

Modelo: Tratan de imponer **y** restablecer el orden.
               Tratan de restablecer **e** imponer el orden.

1. Es un gobierno imparcial y justo.   2. Son derechos inalienables y naturales.
3. No me hablen de injusticias y representación.   4. La protesta produjo incendios y
saqueos.   5. No creo que nuestro gobierno sea ideal y razonable.   6. El comunismo es
ilógico y estúpido. 7. Muchos de los que protestan son hipócritas y materialistas.
8. Muchas leyes son injustas y negativas. 9. ¡Qué ingratos y bárbaros son esos radicales!
10. La indiferencia y la opresión matan el proceso democrático.

26. Uso de la *u* en vez de la conjunción *o*

La conjunción **o** se cambia por la vocal **u**, con la misma función, en los casos
en que precede a una palabra que comienza con **o** u **ho**.

No sabemos si es deshonesto **u** honesto.
Las elecciones serán en septiembre **u** octubre.

EJERCICIO ───

Cambie el orden de las palabras unidas por la conjunción o, *según el modelo.*

Modelo: No sé si hay ocho **o** siete.
               No sé si hay siete **u** ocho.

1. La represión de la fuerza pública, ¿fue horrenda o sensata?   2. ¿Es hombre o mujer el Primer
Ministro de la India?   3. ¿Qué prefieres?, ¿opresión o democracia?   4. ¿Es el servicio militar
obligatorio o voluntario?   5. ¿Debemos organizarnos o desunirnos?   6. Lo que tú dices; ¿es
opinión o hecho?   7. Desconocemos si aquello fue opresión o coacción.   8. ¿La decisión fue
oportuna o inoportuna?   9. ¿Qué prefiere un buen gobernante?, ¿honra o fama?   10. Aquel
acto que lo llevó a la muerte, ¿fue holocausto o locura?

LISTA DE PALABRAS EN SUS FORMAS ADJETIVAL Y NOMINAL

Adjetivo	Nombre	Adjetivo	Nombre
abundante	abundancia	honesto	honestidad
actual	actualidad	honrado	honradez
alegre	alegría	ilegal	ilegalidad
amplio	amplitud	imparcial	imparcialidad
anterior	anterioridad	independiente	independencia
básico	base	injusto	injusticia
breve	brevedad	inteligente	inteligencia
brusco	brusquedad	irónico	ironía
brutal	brutalidad	jocoso	jocosidad
cívico	civismo	legal	legalidad
civil	civilidad	legítimo	legitimidad
claro	claridad	lento	lentitud
cobarde	cobardía	liberal	liberalidad
consciente	conciencia	majestuoso	majestuosidad
criminal	criminalidad	malicioso	malicia
cuidadoso	cuidado	malo	maldad
débil	debilidad	natural	naturalidad
decisivo	decisión	noble	nobleza
democrático	democracia	obediente	obediencia
desobediente	desobediencia	organizado	organización
despótico	despotismo	pacífico	paz
difícil	dificultad	patriótico	patriotismo
diplomático	diplomacia	perfecto	perfección
distinguido	distinción	pobre	pobreza
elegante	elegancia	político	política
escaso	escasez	posterior	posterioridad
estúpido	estupidez	prudente	prudencia
fácil	facilidad	quieto	quietud
feliz	felicidad	rápido	rapidez
feo	fealdad	rebelde	rebeldía
fiero	fiereza	regular	regularidad
franco	franqueza	respetuoso	respeto
frecuente	frecuencia	rico	riqueza
fuerte	fuerza	sabio	sabiduría
fundamental	fundamento	seco	sequedad
garantizado	garantía	sincero	sinceridad
generoso	generosidad	tiránico	tiranía
gozoso	gozo	triste	tristeza
grande	grandeza	valiente	valentía
hermoso	hermosura	violento	violencia

EJERCICIOS DE VOCABULARIO

A. *Complete con una palabra lógica y correcta.*

1. Debemos _____ una ley injusta.
2. En el siglo _____ hubo muchos episodios de desobediencia civil.
3. El _____ siempre tiene el derecho a protestar ante una ley injusta.
4. Si quieres cambiar una situación intolerable, tienes que _____.
5. Muchos grandes _____ de la historia dirigieron actos de desobediencia civil.
6. Es _____ aguantar un período opresivo.
7. Si desobedeces la ley, a veces tienes que sufrir las _____.
8. Si la ley del más fuerte prevalece, el pobre siempre _____.
9. Es heroico resistir leyes injustas pero se necesita mucha _____.
10. En los países _____ siempre hay más desobediencia civil.

B. *Complete con su propia opinión.*

1. Algunas personas nunca desobedecerían una ley porque _____.
2. En este país ha habido muchas protestas civiles porque _____.
3. Las masas oprimidas siempre han querido protestar porque _____.
4. Muchas veces una protesta pacífica resulta violenta porque _____.
5. El vocero de un movimiento de protesta puede ser de mucha importancia porque_____.

C. *¿Está de acuerdo con las siguientes afirmaciones? Explique sus razones con claridad.*

1. Muchas personas nunca protestarían en una situación injusta porque tienen miedo de luchar.
2. Si yo viviera en un país despótico, trataría de irme de allí en vez de protestar públicamente.
3. La conciencia del ciudadano debe guiarle en los asuntos de desobediencia civil.
4. Los grandes cambios sociales y políticos han sido el resultado de la desobediencia civil.

DESAFÍO DE PALABRAS ━━━━━━━━━━━━━━━━━━━━━━━

Complete lógicamente las siguientes oraciones con una de las palabras que figuran abajo.

1. El ciudadano tiene el _____ de desobedecer una ley injusta.
2. Si no hay leyes, existe la _____.
3. Un ciudadano que respeta la ley, la _____.
4. Sin leyes, no hay _____.
5. Las grandes revoluciones son el resultado de la _____ civil.
6. Los gobiernos _____ han sido la causa de muchas protestas.
7. Los que protestan contra un gobierno, deben hacerlo _____.
8. Los derechos fundamentales están _____ por la constitución.
9. El _____ es el resultado de la falta de respeto a la ley.
10. Ha habido muchos períodos de desobediencia civil contra _____ malos.
11. El _____ de un grupo es el que expresa sus ideas.
12. La revolución de Estados Unidos contra _____ es un caso de desobediencia civil.
13. Si un dictador _____ a las masas, pronto recibirá una protesta civil.
14. Muchos grandes idealistas han sido _____ de protestas civiles.

oprime	vocero
Inglaterra	gobiernos
derecho	garantizados
obedece	cívicamente
tiránicos	anarquía
caos	desobediencia
líderes	
orden	

CAPÍTULO 13

LA CORRIDA DE TOROS

▼▼▼

¡Viva la corrida!

Muchos estadounidenses me han dicho que están en contra de la corrida de toros porque, a su juicio, es bárbara, cruel y sangrienta. En su concepto de competición o *fair play,* como dicen, la corrida de toros representa todo lo malo que puede haber en el hombre. Al oponerse a ella se olvidan por completo que la corrida no es un deporte ni un espectáculo. Realmente es la vida, y como la muerte es el término de la vida también tiene su lugar en esta representación. La lucha, la resistencia y la muerte. ¿No son ellas los elementos de la vida? Claro, nacemos, luchamos, resistimos y, al final, morimos, a veces sin quererlo, pero de todos modos lo aceptamos.

Bueno, pero basta de filosofía y de discusión. Vayamos a la plaza y compremos un boleto. ¿Qué sitio prefiere usted para sentarse? ¿El lado soleado o el de sombra? Mejor que nos sentemos en el de sol, pagamos menos y estamos con los verdaderos aficionados. ¡Oiga, la banda ya toca una pieza! ¿La conoce? Creo que es "España Cañí".

Aquí vienen los toreros, vestidos con sus trajes de luces. La procesión de ellos me da escalofríos, porque sé bien que van a enfrentar la muerte. Ya salen, dejando entrar a los toros. ¡Qué fuerza! ¡Se imaginó usted que eran tan grandes? ¿Se atrevería a enfrentarlos? No creo que yo pudiera. Ahora los picadores aplican su arte. Esto hace más bravos a los toros. Mire la maestría y la gracia del torero. ¡Qué destreza! Es más un bailarín que un matador porque, como bien se sabe, un buen torero tiene que hacer los pases con gracia. Admiramos sus habilidades artísticas, mientras el toro se debilita. Y el momento de poner las banderillas es realmente espectacular y emocionante; los banderilleros hacen alarde de destreza y coraje.

Por último, el momento de la verdad, pasando tan cerca de los cuernos del animal: la estocada final, la muerte del toro y la dura realidad de la vida.

PREGUNTAS ──

1. Si ha presenciado una corrida de toros, ¿cree que es un deporte, un arte o un espectáculo? Explique su criterio.
2. Si no ha presenciado una corrida de toros, ¿qué idea tiene de la misma?
3. ¿Qué opina de los toreros o matadores? ¿Ganan mucho dinero?
4. ¿Qué sucede si el toro mata al torero?
5. Si fuera a una corrida de toros, ¿quisiera ver a un torero herido por un toro? ¿Por qué?
6. ¿Sabe qué hacen con el toro después de muerto?

La corrida de toros es bárbara

La corrida de toros no cabe en mi definición de deporte porque es una lucha desigual entre un animal, aunque sea fuerte y feroz, y un hombre. Digan lo que digan, a pesar de su gran fuerza y ferocidad, el toro no está en igualdad de condiciones con el hombre que tiene superiores capacidades mentales y además su arma, la espada.

Como bien se sabe, el toro perderá en el noventa y nueve por ciento de los casos, a veces sufriendo horriblemente por la técnica poco experta de los novilleros, que no son tan diestros para matar con una sola estocada. En los verdaderos deportes, aun en el boxeo, hay una contienda entre dos combatientes, o equipos, de igual o casi igual poder y con las mismas armas, mientras que la corrida de toros es la señalada excepción.

¿Dicen que es un espectáculo? ¿Es la tortura y la muerte de un animal una diversión? ¿No tenemos, nosotros los seres racionales, mejor forma de recreación que ver este asesinato tan sangriento? ¿Cuándo llegaremos a ser civilizados? ¿Seguiremos siendo tan bárbaros y aficionados a esta matanza tan cruel?

Nunca podré aceptar que el propósito de la vida pueda admitir el de infligir dolor o pena a un animal que es capaz de sentirlo. Estoy seguro que en el orden de la creación el toro no fue creado para ser torturado tan brutalmente por otro ser con más inteligencia, que debería encontrar mejores modos de pasar el tiempo.

Me alegro de que en los Estados Unidos no se acepten las corridas de toros. Lo único bueno que veo en este barbarismo es la música taurina que lo acompaña, pero podemos gozar de ella sin ver tan cruel espectáculo.

PREGUNTAS ──

1. ¿Cree que, en efecto, la corrida de toros es bárbara? ¿Por qué?
2. ¿Cree que valga la pena que un hombre exponga su vida ante un animal, con el propósito de ganar gloria y dinero y al mismo tiempo satisfacer la morbosidad de una muchedumbre? ¿Por qué?
3. ¿Considera que la tortura y muerte de un animal puede constituir una diversión, un espectáculo o un arte? Explíquese.
4. ¿Por qué cree que en los Estados Unidos y en otros países están prohibidas las corridas de toros?

5. ¿Es partidario de que se acepten las corridas en los Estados Unidos? ¿Por qué?

6. ¿Cuáles son los países donde más se practica este espectáculo?

7. ¿Cree que la caza es un deporte justo? ¿Es válido compararla con la corrida de toros? Explíquese.

Los deportes

¿Cuál es su deporte favorito? Hay tantos que a veces es difícil saberlo. Bueno, trataré de analizarlos. Primero, creo que hay deportes que nos gusta ver como espectadores, y otros en los cuales tomamos una participación más activa. Claro que las cualidades de los dos tipos no son iguales, porque hay deportes que son emocionantes presenciar, y otros que nos aburrirían porque, como espectadores, tenemos poco interés en ellos.

Hay algunos deportes que pueden pertenecer a los dos grupos, como el béisbol. Muchos dicen que este pasatiempo nacional va perdiendo popularidad, por el lento paso de su acción. El lanzador gasta mucho tiempo preparándose para lanzar la pelota. El bateador también pierde tiempo ajustándose los pantalones o quitando un poco de tierra de los zapatos. Aunque a veces me gusta ver un buen juego de béisbol, me gustaría más jugarlo con un buen grupo de amigos. También es así con el baloncesto, porque con menos fuerza podemos todos gozar del ejercicio y la competición de este deporte.

El fútbol, al contrario, es más bien un deporte para los espectadores, aunque a muchos les gusta jugarlo en forma menos violenta. ¿Ha visto alguna vez un buen partido de fútbol europeo, o *soccer*, como decimos en este país? También es un deporte muy interesante, por su paso rápido y la sencillez del juego. A veces el fútbol americano puede confundirnos con sus reglas complicadas.

El tenis es más un deporte para jugarlo que para presenciarlo, al igual que la pelota de mano, el boleo y el golf, mientras que el boxeo, la lucha libre y el jai-alai son más bien para disfrutarlos como espectadores, ya que requieren que tengamos habilidades más desarrolladas, aparte de que algunos de ellos son demasiado violentos.

En todos los casos creo que lo esencial de cada deporte es que nos brinda la oportunidad de competir, lo que nos produce una emoción y, al mismo tiempo, nos proporciona un ejercicio corporal, muy necesario para la salud, especialmente en estos tiempos en que la vida se va haciendo cada vez más cómoda y sedentaria.

PREGUNTAS ────────────────────────────

1. ¿Cuál es su deporte favorito?

2. ¿Participa activamente en algún deporte? ¿En cuál?

3. ¿Qué opina del béisbol?

4. ¿Cuál es su opinión sobre el boxeo?

5. ¿Qué puede decirnos sobre el fútbol americano? ¿Cree que es el deporte nacional? ¿Por qué?

6. Los deportistas o jugadores de la época actual, ¿son mejores o peores que los de épocas anteriores?

V·O·C·A·B·U·L·A·R·I·O

aburrir no interesar, cansar

aficionado que cultiva o siente interés por un arte o deporte, sin tenerlo por oficio

ajustar arreglar, componer

alarde (el) ostentación, gala

asesinato muerte premeditada

atreverse tratar de hacer algo a pesar del costo o peligro

bailarín el que baila por oficio

banderilla palo delgado, armado de un arponcillo de hierro

banderillero torero que pone banderillas

boleto billete

bravo feroz, enojado

contienda disputa, competición, juego, partido

coraje (el) valor

cuerno prolongación de hueso de la cabeza de un animal

debilitar hacer más débil, disminuir la fuerza de alguien

deporte (el) competición, juego

destreza habilidad, arte

diestro hábil, experto

enfrentar afrontar, hacer frente, oponer

escalofrío reacción del cuerpo en la que se siente frío y calor al mismo tiempo

estocada golpe que se da de punta con la espada

infligir dar pena o castigo corporal

lanzar arrojar, tirar

lucha libre véase vocabulario español-inglés)

maestría arte y habilidad de hacer algo expertamente

matanza acción de matar

morboso estado físico o psíquico no sano

muchedumbre (la) reunión de gran número de personas

nacer empezar la vida

pase (el) movimiento que hace el torero para evitar al toro

paso progreso

pertenecer ser parte de un grupo, cuerpo o asociación

picador torero de a caballo, que pica a los toros

pieza parte, composición musical

requerir (ie, i) necesitar

sangriento que echa sangre

sencillez (la) simplicidad

señalado famoso, insigne

soleado que recibe directamente la luz del sol

sombra oscuridad, falta de luz

taurino relativo al toro o a la corrida de toros

término último punto hasta donde llega una cosa; límite, fin

traje de luces (el) traje de seda, bordado de oro o plata, que usan los toreros

REPASO GRAMATICAL

27. El tiempo futuro simple

Se forma el futuro simple añadiendo al infinitivo las siguientes terminaciones: **-é, -ás, -á, -emos, -éis, -án**, para las correspondientes personas del singular y plural. Conjuguemos, por ejemplo, el verbo **admirar**:

> yo admirar**é**
> tú admirar**ás**
> él / ella / usted admirar**á**
> nosotros admirar**emos**
> vosotros admirar**éis**
> ellos / ellas / ustedes admirar**án**

Hay ciertos verbos en los que para la formación del futuro simple no puede tomarse su forma infinitiva, aunque las terminaciones son las mismas en todos los casos. He aquí la lista de los más comunes y sus raíces:

Verbo	Raíz	
caber	cabr-	yo cabré, tú cabrás, él cabrá, nosotros cabremos, etc.
decir	dir-	yo diré, tú dirás, etc.
haber	habr-	yo habré, tú habrás, etc.
hacer	har-	yo haré, tú harás, etc.
poder	podr-	yo podré, tú podrás, etc.
poner	pondr-	yo pondré, tú pondrás, etc.
querer	querr-	yo querré, tú querrás, etc.
saber	sabr-	yo sabré, tú sabrás, etc.
salir	saldr-	yo saldré, tú saldrás, etc.
tener	tendr-	yo tendré, tú tendrás, etc.
valer	valdr-	yo valdré, tú valdrás, etc.
venir	vendr-	yo vendré, tú vendrás, etc.

En español, el tiempo futuro simple puede también expresarse usando el verbo **ir** en el presente como auxiliar, seguido de la preposición **a** más el verbo principal en su forma infinitiva.

> Ellos **van a ver** una corrida = Ellos verán una corrida.
> **Vamos a admirar** al torero = Admiraremos al torero.

EJERCICIOS

A. Cambie las siguientes oraciones al tiempo futuro, según el modelo:

Modelo: No acepto la corrida.
               No **aceptaré** la corrida.

1. El torero viene ahora.   2. No sé nada de la corrida.   3. Hay muchos deportes crueles.
4. ¿No quieren ustedes ver la corrida?   5. ¿Qué dicen los estadounidenses?   6. Los banderilleros hacen alarde de coraje.   7. ¿Cuándo salen los toros?   8. ¿Dónde ponen las banderillas?   9. ¿Cuántos espectadores caben en el estadio?   10. Un buen torero tiene que hacer los pases con maestría.

B. Cambie las mismas oraciones del ejercicio A usando la forma futura **ir a + infinitivo,** *según el modelo:*

Modelo: No acepto la corrida.
               No **voy a aceptar** la corrida.

C. Cambie de una forma a la otra las siguientes oraciones, de acuerdo con los modelos:

Modelos: No va a ser aceptada.
               No **será** aceptada.

               El torero matará al toro.
               El torero **va a matar** al toro.

1. Los picadores van a aplicar su arte.   2. Verán una corrida.   3. Vamos a estar con los aficionados.   4. El toro perderá.   5. No voy a aceptar la corrida.   6. Los toreros enfrentarán la muerte.   7. La banda va a tocar "España Cañí".   8. La procesión te dará escalofríos.   9. ¿Vas a tratar de analizarlo?   10. Gastarás tu tiempo en la corrida.

28. El subjuntivo con verbos que expresan emoción

Se usa el subjuntivo en cláusulas subordinadas que son precedidas por verbos o expresiones que indican o manifiestan emoción.

Me alegro de que la corrida no **sea** aceptada en los Estados Unidos.

Me gustaría que no **hicieran** sufrir tanto al toro.

Es una lástima que el toro **tenga** que morir.

Sentí mucho que **hirieran** al torero.

Espero que oigamos la música taurina.

EJERCICIOS ───────────────────────────

A. Cambie las siguientes frases usando la expresión **me alegro de que,** *según el modelo:*

Modelo: La corrida no fue cruel.
   Me alegro de que la corrida no fuera cruel.

1. No se tortura al toro.   2. El toro no sufre.   3. La corrida no es aceptada en este país.
4.   A usted le gusta el béisbol.   5. Mi equipo ganó el campeonato.

B. Ahora use la expresión **espero que,** *según el modelo:*

Modelo: Van a la plaza.
   Espero que vayan a la plaza.

1. Podemos gozar de un buen partido de fútbol.   2. Ellos ven una corrida.   3. Hay una contienda interesante.   4. Los toros entran ahora.   5. Tú juegas al tenis.

C. Use ahora la expresión **es una lástima que,** *según el modelo:*

Modelo: Es sangriento el toreo.
   Es una lástima que sea sangriento el toreo.

1. El toro muere.   2. Los toros sufren mucho.   3. Matan a muchos toros.   4. Tiene que enfrentar la muerte.   5. Perdimos el juego.

D. Ahora use la expresión **siento que,** *según el modelo:*

Modelo: El toro se debilita.
   Siento que el toro se debilite.

1. No se sabe nada de la corrida aquí.   2. Dicen que es un deporte.   3. Ya salen los toros.   4. Se sienta en el lado de sol.   5. No sé jugar jai-alai.

29. Otro uso del subjuntivo

Se usa también el subjuntivo en expresiones tales como **digan lo que digan, sea lo que sea, hagan lo que hagan.**

Digan lo que digan, la corrida de toros es cruel.
Sea lo que sea, no me gusta el toreo.

EJERCICIO ───────────────────────────────────

Forme expresiones similares a las expuestas, tomando como base el postulado de que **"la corrida de toros es cruel"**, *y haciendo el comentario con las oraciones que se dan a continuación. Véanse los siguientes modelos como guía:*

    Modelos: Los picadores saben su arte.
                        Sepan lo que sepan, la corrida es cruel.

                        Dicen que es un arte.
                        Digan lo que digan, la corrida es cruel.

1. Los toros son muy bravos.   2. Los banderilleros hacen alarde de coraje.   3. Muchos ven la corrida en España.   4. Un buen torero enfrenta la muerte con valor.   5. Los españoles aceptan la corrida como un reflejo de la vida.

30. El verbo *gustar*

Recuérdese que el verbo **gustar** tiene una consideración especial en español. En la práctica solamente se conjuga en la tercera persona, singular y plural, ya que el sujeto en la oración viene a ser lo que se gusta, y a quien le gusta viene a ser el objeto indirecto.

    A Juan le **gusta** el deporte.

    A Juan le **gustan** los deportes.

    ¿Te **gustó** el juego?

    ¿Te **gustaron** los juegos?

    Me **gustará** la pelea de boxeo.

    Me **gustarán** las peleas de boxeo.

    Me **gustaría** un buen partido de béisbol.

    A María le **gustarían** los bolos.

Cuando el verbo **gustar** precede a otro verbo en infinitivo, se conjuga en singular.

    Me **gusta** ver un buen partido de fútbol.

    A Juan y a mí nos **gusta** escalar las montañas.

EJERCICIOS ───────────────────────────────────

A. *Cambie las siguientes oraciones al plural, según el modelo:*

    Modelo: No me gusta el toro.
                    No me **gustan** los toros.

1. Les gusta la plaza.   2. A los estadounidenses no les gustó la banderilla.   **3.** Te gustará la corrida.   **4.** No me gusta esta barbarie.   **5.** No nos gusta la lucha desigual.   **6.** ¿Te gusta la tortura?   **7.** Me gustaría esta cualidad.   **8.** A mi padre y a mí nos gusta el pasatiempo activo.   **9.** ¿Te gusta el verdadero aficionado?   **10.** A María no le gustó el picador.

B. Conteste las siguientes preguntas con oraciones completas:

1. ¿Le gusta la lucha libre?   **2.** ¿Les gusta a los estadounidenses el jai-alai?   **3.** ¿Qué le gusta más?, ¿el béisbol o el fútbol?   **4.** ¿Le gusta a su padre el baloncesto?   **5.** ¿A quiénes les gustan más las corridas de toros?

C. Conteste las siguientes preguntas con oraciones completas:

1. ¿Le gustó ver los partidos de fútbol?   **2.** ¿Le gustaría ser un buen jugador de tenis?   **3.** ¿Les gustó a ustedes presenciar las olimpiadas?   **4.** ¿Les gusta a los japoneses jugar al béisbol?   **5.** ¿Le gustaría a usted ganar el campeonato de boxeo?   **6.** ¿Le gustaría bolear con nosotros?

EJERCICIOS DE VOCABULARIO

A. Complete con una palabra lógica y correcta.

1. El béisbol es un deporte muy _____.
2. El _____ es un deporte muy violento.
3. El torero necesita tener mucho(a) _____.
4. Muchos americanos no querrían ver la corrida porque hay mucha _____.
5. El _____ de luces del torero es algo tradicional.
6. La estocada final generalmente _____ al toro.
7. Muchos turistas norteamericanos quieren _____ las corridas de toros.
8. El torero usa una _____ para matar al toro.
9. A _____ personas les gusta ver sufrir a un animal.
10. Necesitas tener mucha _____ para jugar al baloncesto.
11. La _____ taurina tiene un aire militar.
12. El tenis y el voleibol nos proporcionan mucho _____ corporal.

B. Complete con su propia opinión.

1. Muchos americanos no quieren ver un partido de *soccer* porque _____.
2. Algunos creen que la corrida de toros va perdiendo popularidad porque _____.

3. Hoy en día muchas personas están participando más activamente en los deportes porque _____.

4. La corrida de toros nunca será aceptada en los Estados Unidos porque _____.

5. Es fascinante ver una corrida de toros porque _____.

C. ¿Está de acuerdo con las siguientes afirmaciones? Explique sus razones con claridad.

1. En veinte años el fútbol americano se jugará en todo el mundo.

2. El baloncesto crecerá enormemente en pocos años porque requiere mucha destreza y gracia.

3. Los deportes son muy importantes en la actualidad porque la vida moderna es demasiado sedentaria.

4. Algunas veces, los deportes son demasiado peligrosos porque los espectadores olvidan que es simplemente un juego y recurren a la violencia.

DESAFÍO DE PALABRAS

Busque la palabra del segundo grupo que mejor defina o describa las del primero.

juicio	término	lucha
muerte	discusión	boleto
procesión	bravo	coraje
además	diestro	poder
alarde	matanza	sedentario
corporal	proporcionar	destreza
lento	lanzar	requerir

fin	entrada	fuerza
gala	físico	enojado
también	tirar	charla
desfile	despacio	asesinato
habilidad	necesitar	valentía
opinión	fallecimiento	hábil
pasivo	dar	pelea

CAPÍTULO 14

LAS ARMAS DE FUEGO

▼▼▼

Uso y abuso de las armas de fuego

En Suiza, con toda seguridad la nación más pacifista del mundo, todos sus ciudadanos poseen un arma de fuego en sus hogares. Más que un derecho es casi una obligación. En los Estados Unidos, la Constitución garantiza al pueblo el derecho a tener y portar un arma. En la mayor parte de las naciones del orbe este asunto de la tenencia de armas por parte de la ciudadanía está, en términos generales, más o menos regulado.

En la Rusia comunista y el resto de los países en los que rigió un sistema totalitario comunista estaba totalmente prohibido que los ciudadanos poseyeran armas de fuego e, inclusive, esto constituía un grave delito castigable con muchos años de encarcelación. Solamente los miembros de las fuerzas de tierra, mar y aire las podían portar cuando se encontraban de servicio. De hecho, nadie era propietario de un revólver, una pistola o un fusil en estos países. Todas las armas eran propiedad del Estado.

En fin de cuentas, ¿qué es un arma de fuego? Diríamos que es, primordialmente, un objeto de destrucción que mata, aniquila, arruina, rompe, consume y devora. Desde el pequeño revólver calibre 22 hasta los enormes cañones de dieciséis pulgadas emplazados en los grandes buques de guerra, sin contar las terribles bombas nucleares. Todo esto no tiene otra finalidad que destruir.

Sin embargo, desde que el hombre es hombre, la necesidad de poseer un arma se ha hecho imprescindible. Quizás esta necesidad surgió del instinto de supervivencia. El hombre tenía que comer y para ello había que matar a otros seres con los cuales alimentarse. Una piedra o una rama de árbol fueron las armas primitivas de las que se valió el hombre para abatir al animal.

Hoy, el mismo principio subsiste pero el intelecto humano, en su constante evolución, ha tergiversado y pervertido esta necesidad. Hoy se mata no sólo para comer, sino por el placer de destruir, con el agravante del terrible potencial que disponen las armas para estos fines. Las armas de fuego son efectivas a distancias más o menos largas, o sea que no hay que estar muy cerca del blanco para lograr el objetivo.

¿Qué papel ha tenido el uso y abuso de las armas en la historia de la humanidad? ¿Son las armas la causa de las guerras o viceversa? Aunque este tema sea tan amplio y extenso, nosotros vamos a limitarnos a discutir si es o no aconsejable que se controle y regule la tenencia y uso de armas por parte de los ciudadanos en sus actividades privadas.

PREGUNTAS

1. ¿Posee usted un arma de fuego? ¿Por qué?
2. ¿Ha usado alguna vez un arma de fuego? ¿Cómo ha sido su experiencia?
3. En su opinión, ¿qué ventajas y desventajas existen en la posesión de un arma de fuego?
4. ¿Cuál es su arma de fuego favorita?
5. ¿Tiene buena puntería? ¿Ha practicado el tiro? ¿Cuál es su experiencia?
6. ¿Ha matado algún animal en una cacería o al verse amenazado por él? ¿Cómo se sintió después?
7. ¿Son las armas la causa de las guerras o viceversa? Explíquese.

Abogamos por el control de las armas de fuego

¡Qué cantidad de armas de fuego existen en el mundo! Tremendo negocio el de la venta libre de armas. Aquí, en los Estados Unidos, donde la Constitución reconoce el derecho a tener armas, es fabuloso este comercio. Cualquiera, muy fácilmente, puede comprar el mortal artefacto, desde el más simple hasta el más sofisticado: una pistolita 22 o una metralleta automática de mayor calibre.

Los crímenes contra la vida causados por armas de fuego siempre han sido los más numerosos, tanto por la facilidad de obtener el arma como por su efectividad. No queda más remedio: o se deroga el precepto constitucional o se regula muy firmemente la compraventa de este material bélico. Creemos que el precepto constitucional que reconoce a todo ciudadano el derecho a portar un arma es total y absolutamente anacrónico y obsoleto.

Cuando nuestros antecesores redactaron la Constitución, hace ya más de doscientos años, la nación estadounidense se encontraba en el inicio de su desarrollo y desenvolvimiento. La conquista del lejano Oeste, con sus enormes y vastos territorios, con los peligros que acechaban a cada paso los animales salvajes, los indios, los aventureros y cazadores de fortuna, los buscadores de minerales preciosos como el oro; todo ello creaba un medio hostil donde casi siempre dominaba la ley del más fuerte. La necesidad de vivir armado era imperiosa. Muchas veces había que matar para no ser matado.

Hoy en día el panorama es distinto. El ciudadano goza de la protección de las fuerzas policiales y estamos más amparados y más seguros, ayudados por los medios de comunicación y de transporte y los sistemas de seguridad. Por otro lado, hay que tomar medidas para que los individuos que viven al margen de la ley, es decir, aquellos que tratan de vivir del robo, del asalto, del asesinato, de la amenaza, no dispongan de un arma de fuego, la cual le hace más fácil la perpetración del crimen.

Además, cada día hay docenas de tragedias fatales en cualquier lugar de los Estados Unidos, causadas por la fácil compra de armas de fuego. La historia no es difícil de contar: dos individuos discuten, riñen y para resolver su disputa uno de ellos esgrime un revólver u otra arma, y con un disparo una sencilla riña doméstica termina en otro homicidio insensato. Se ha comprobado, con un montón de evidencias en forma de cifras y estudios, que en múltiples ocasiones el arma que compramos para defendernos, se usa contra un familiar, y en un momento de pasión termina con la vida de alguien que amamos. Esto sin contar los múltiples casos de niños que encuentran el arma de su padre en casa, se ponen a jugar con ella y matan a un hermanito o amiguito que los acompaña en esos momentos. Todos fueron accidentes pero, al mismo tiempo, tragedias que hubieran podido evitarse.

Claro que el control de las armas, para ser efectivo, tendría que ser a nivel mundial. Si esto fuera posible —y creemos que lo es—, se reducirían notablemente las actividades de la mafia, del narcotráfico y de los grupos guerrilleros, pues sabemos que todas estas organizaciones hacen un uso muy amplio y fuerte de las armas de fuego. Tal vez la solución sería, al menos en teoría, muy fácil. Sólo los gobiernos y el Estado serían los que autorizaran la fabricación de armas, y su distribución y venta sería totalmente controlada, determinando asimismo los fines para los cuales las armas serían usadas, qué personas las podrían portar, y en qué situaciones podrían usarlas.

En fin, el control habría de ser absoluto, general y sin excepciones. En la práctica el sistema no sería perfecto. Nada lo es. Sabemos que habría ineficiencias, descuidos, filtraciones; pero con todo, se lograrían grandes beneficios y resultados positivos.

PREGUNTAS ━━

1. ¿Opina usted que debe controlarse o regularse el uso de las armas de fuego? ¿Por qué?

2. ¿Qué medidas propondría para controlar las armas de fuego?

3. ¿Qué opina del precepto constitucional que reconoce el derecho a portar un arma? Razone su respuesta.

4. ¿Cree que las fuerzas de policía son idóneas y eficaces para controlar y evitar el crimen? ¿Por qué?

5. ¿Ha sido asaltado alguna vez por un criminal que lo ha amenazado con un arma de fuego? Si nunca le sucedió, ¿cuál sería su reacción en el caso de que fuera asaltado?

¡Armémonos!

El derecho, aún más, la necesidad de poseer un arma de fuego es indiscutible. Los autores de nuestra Constitución vieron la necesidad de que el ciudadano se defendiera contra la tiranía de algún corrupto líder, y así es que no se olvidaron de incluir la Segunda Enmienda que le garantiza a cualquier ciudadano el derecho a portar arma y defenderse contra las incursiones y los ataques de otros.

Además, ¿en qué mundo vivimos hoy en día? Un mundo de miedo, de temor, de zozobra, de angustia, de incertidumbre. ¿Por qué todas estas cosas? Porque estamos rodeados y amenazados por los maleantes, los facinerosos, los violadores, los asesinos, los drogadictos, los perturbados mentales. Si usted quiere o necesita salir a la calle y caminar por cualquier lugar en horas de la noche, tiene que llevar un arma para defenderse del asalto al que está expuesto por parte de algún malhechor que pueda exigirle el dinero que lleva, e inclusive pueda matarlo después.

Pero es que no estamos seguros ni en nuestras propias casas. Los ladrones son los violadores que fuerzan una puerta o una ventana y entran en nuestro hogar mientras dormimos. ¿Qué podemos hacer contra estos intrusos si no tenemos con qué defendernos? Nada. Nos roban, nos violan, nos matan y hasta luego. ¡Ah! Pero si tenemos un arma de fuego podemos defendernos y, si es menester, matar antes de que nos maten. Esto suena algo duro, pero es la triste y amarga realidad. Vivimos en un mundo de violencia. Tenemos que defendernos. Nos acechan peligros por todas partes: en las calles, en nuestros hogares, en los establecimientos públicos, en los medios de transporte. En cualquier lugar podemos ser víctima de un crimen. Si portamos un arma de fuego podemos defendernos y evitar que el crimen se consuma.

Cuando los criminales vean que ya no es tan fácil cometer un asalto, un robo, un asesinato o una violación, porque saben que se exponen a una resistencia por parte de la posible víctima que habrá de defenderse, entonces con seguridad el crimen habrá de disminuir considerablemente, pues éste no podrá cometerse con la impunidad de antes. No queda otra alternativa, o nos defendemos o perecemos. Es evidente que la policía es insuficiente, inadecuada e inepta para evitar el crimen. Lo más que hace es, después que el crimen se comete, tratar de aprehender al criminal y ponerlo a la disposición de los tribunales de justicia. ¡Pues vaya qué remedio, qué ayuda, qué consuelo! Después que asesinaron al pobre viejito o violaron a la hermosa jovencita, llevamos al asesino o al violador ante el juez, quien lo condena a prisión si es que no lo deja en libertad, bien porque no pudo probársele el crimen, bien por haber sido declarado incompetente por razón de locura. En el mejor de los casos este individuo, un valor negativo totalmente para la sociedad, al cabo de algún tiempo vuelve a la calle a reanudar sus fechorías.

¿Es este sistema una solución al grave problema? Naturalmente, no lo es. Si las autoridades no saben o no pueden defendernos, nosotros tenemos que hacerlo. Esto es tan evidente que es reconocido por todos los Códigos Penales. Quien hiere, lastima o mata en defensa de su propia vida o de su propia integridad y seguridad, está exento de responsabilidad criminal. Esto tiene que ser así por ser la forma de preservar y asegurar la existencia del individuo contra los ataques injustificados de otros.

PREGUNTAS

1. ¿Cree usted que realmente exista la necesidad imperiosa de poseer un arma de fuego? Explíquese.

2. En su opinión, ¿es muy grave la situación o estado de violencia en los Estados Unidos? Explíquese.

3. ¿Qué sabe de esta situación en otros países, como por ejemplo Rusia o China?

4. ¿Tiene miedo de caminar por las calles de su ciudad o comunidad durante las horas de la noche? ¿Por qué?

5. ¿Podría determinar algunas causas por las cuales hay tantos asaltos y violaciones en muchas ciudades del mundo entero? ¿Cuál es la más notable?

6. ¿Qué opinión tiene de la policía de su comunidad en su trabajo para combatir el crimen?

V·O·C·A·B·U·L·A·R·I·O

abatir   derribar, hacer caer algo destruyéndolo

abogar   hablar a favor de algo o alguien

acechar   observar, mirar a escondidas

amargo   *(fig.)* causante de pena o sentimiento, desagradable

aniquilar   reducir a la nada

aprehender   detener, poner prisionero a alguien

apuntar   dirigir un arma contra una persona o cosa

arruinar   destruir

blanco   objeto sobre el que se dispara un arma de fuego

buscador   persona que hace diligencia para hallar o encontrar algo

cabo   final

cárcel   lugar destinado a prisión

cazador   persona que persigue a animales para matarlos o cogerlos

derogar   dejar sin validez una ley o disposición

desarrollo   acción de amplitud o crecimiento

descuido   omisión, olvido

desenvolvimiento   acción de impulsar la actividad de algo

disparo   acto de hacer funcionar un arma de fuego

emplazar   poner una cosa en el sitio donde ha de funcionar

en fin de cuentas   en resumen, en conclusión

facineroso   persona que comete acciones criminales

fechoría   acción mala

hogar   casa donde vive la familia

idóneo   conveniente, propio para una cosa

maleante   persona que comete acciones malas

malhechor   persona que comete crímenes

margen   orilla o borde de algo

menester   necesario

montón   mucho

piedra   materia dura que forma la roca

portar   tener consigo

poseer   tener uno algo en su poder

puntería   dirección del arma apuntada

rama   partes que nacen del tronco de una planta o árbol

reanudar   volver a empezar

redactar   escribir

reñir   luchar, disputar

riña   lucha, disputa

salvaje   no doméstico

tergiversar   desfigurar la relación de los hechos

tirar   disparar un arma de fuego

tiro   acción de tirar

triste   deplorable

valerse   servirse, hacer uno mismo uso de algo

zozobra   inquietud, ansiedad

REPASO GRAMATICAL

31. Un uso de los pronombres reflexivos: formación de los verbos reflexivos

Uno de los usos de los pronombres reflexivos (**me, te, se, nos, os, se**) es la formación de los llamados verbos reflexivos, los cuales, generalmente, expresan la idea de que la persona o sujeto que realiza o ejecuta la acción también recibe los efectos de ella; es decir, que el sujeto y el objeto del verbo son la misma persona.

El criminal **se mató** de un tiro en la cabeza.

Yo **me armé** con una pistola calibre 45.

Nosotros **nos defendemos** de los asesinos.

Al ver al maleante, los esposos **se escondieron** detrás de un automóvil.

EJERCICIOS

A. Cambie al singular o al plural, según el caso, las siguientes oraciones:

Modelos: **Me asusté** cuando vi al ladrón.
                  Nos asustamos cuando vimos al ladrón.

                  Tú **te defendiste** muy bien.
                  Ustedes **se defendieron** muy bien.

1. Uso un revólver cuando **me encuentro** de servicio.   2. Tenemos que **defendernos** de los facinerosos.   3. La mujer **se escapó** de las manos del violador.   4. Ustedes **se equivocan** con poca frecuencia.   5. Los jueces **se ponen** de parte de las víctimas.   6. Vosotros **os asustáis** con facilidad.   7. Nosotros **nos armamos** para **defendernos**.   8. El hombre **se destruye** a sí mismo.   9. **Me olvidé** de traer el revólver.   10. Los asesinos **se exponen** a que la víctima resista el ataque.

B. Conteste, oralmente y con oraciones completas, las siguientes preguntas:

1. ¿Cómo se defiende usted de un ataque criminal?   2. ¿Se controlan las armas de fuego en los Estados Unidos?   3. ¿Quiénes se arman mejor?, ¿la policía o los narcotraficantes?   4. ¿Quién se acuesta más temprano?, ¿la víctima o el ladrón?   5. ¿Se cansa usted después de trabajar mucho?   6. ¿A qué hora se acostó anoche?   7. ¿Se ha dormido alguna vez viendo una película de horror?   8. ¿Debería usted quejarse de la protección de la policía?   9. ¿Se atrevería a tener una confrontación con un loco?   10. ¿Se arrepintieron nuestros abuelos de la Segunda Enmienda?

EJERCICIOS DE VOCABULARIO

A. *Complete con una palabra lógica y correcta.*

1. La segunda _____ de nuestra Constitución garantiza el derecho a portar armas.
2. Aun en países pacifistas, _____ ciudadanos poseen armas.
3. Es _____ tener armas de fuego en casa porque siempre hay accidentes.
4. Es bueno tener un arma para su propia _____.
5. En el bosque, lejos de la ciudad, es bueno tener un arma para _____ animales.
6. Muchos malhechores usan armas para cometer _____ de todas clases.
7. No es tan necesario hoy tener armas porque tenemos la _____ de la policía.
8. El gobierno debe _____ la fabricación de armas mortíferas.
9. A veces, una sencilla riña doméstica resulta en un _____ trágico.
10. La compraventa de armas es muy _____ en este país.
11. La cantidad de armas _____ si hay más control gubernamental.
12. No queremos ver las armas en las manos de los _____.

B. *Complete con su propia opinión.*

1. Muchos quieren portar armas de fuego porque _____.
2. Yo (no) usaría un arma de fuego si _____.
3. Si yo hubiera vivido en el Oeste de los Estados Unidos en el siglo XVIII, _____.
4. Todos los días hay accidentes trágicos en este país pero _____.
5. Muchos dicen que se debe regular la fabricación de las armas porque _____.

C. *¿Está de acuerdo con las siguientes afirmaciones? Explique sus razones con claridad.*

1. Con mayor control de las armas ha habido más crimen.
2. La regulación de las armas no afecta al criminal.
3. La posesión de armas tiene más desventajas que ventajas.
4. Todos debemos portar armas para evitar los abusos de un gobierno despótico.

DESAFÍO DE PALABRAS ——————————————————————

Busque en el segundo grupo de palabras el opuesto de cada palabra del primero.

destruir	seguridad	prohibido
lograr	privado	reducir
libre	sofisticado	compra
inicio	lejano	salvaje
distinto	hostil	corrupto
incluir	amargo	inepto

diestro	incertidumbre	aumentar
primitivo	igual	fin
cercano	manso	excluir
construir	dulce	inocente
fracaso	público	ameno
regulado	permitido	venta

Busque la palabra del segundo grupo que mejor defina o describa las del primero.

portar	modificar	seguridad
faceta	subsistir	garantizar
delito	propietario	fusil
alimentar	moderar	tenencia
cantidad	artefacto	enorme
miedo	exigir	disminuir
riña	tiro	maleante

temor	malhechor	posesión
crimen	llevar	cambiar
aspecto	disparo	demandar
disputa	reducir	certidumbre
comer	máquina	dueño
asegurar	vasto	templar
escopeta	número	seguir

CAPÍTULO 15

EL SUICIDIO

▼▼▼

¿Es el suicidio una solución?

Parece que en esta vida no tenemos tanta libertad como pensamos. Primero, considere usted que nadie nos preguntó si queríamos nacer o aceptar el gran regalo de la vida y, generalmente, no podemos escoger cuándo queremos devolver o terminar este regalo. Digo "generalmente" porque ha habido y habrá individuos que han decidido cuándo y cómo morir. Este fenómeno comúnmente se llama suicidio.

¿Por qué no podemos, o no debemos, decidir nuestra propia muerte? ¿Por qué no se acepta como solución correcta esta forma de muerte? Es posible que cada uno de nosotros, en algún momento, se haya sentido completamente defraudado, derrotado y desesperado, pero ¿cuántos hemos pensado seriamente en dejar esta vida y sus desgracias? Dicen algunos estudios que una gran mayoría, una o más veces en la vida, ha considerado la grave medida de matarse. En algunos casos lo intentan, tal vez simplemente desesperados por llamar la atención de otro. De veras no quieren morir, sino decirle a alguien lo mucho que han sufrido y sufren, y que no pueden aguantar más esa situación determinada. Trágicamente, en algunas ocasiones, lo que comenzó como una solución para llamar la atención, termina en un verdadero suicidio.

¿Qué tipo de persona decide intentar contra su vida y matarse? ¿Es acaso un tipo loco, deprimido, insensato, privado de sentido común, o simplemente un ser que piensa que no puede aguantar más la vida? Las causas para tomar esta decisión tan extrema pueden ser muy variadas: una fortuna perdida, un desengaño amoroso, una humillación social, una enfermedad grave, una ambición frustrada o, sencillamente, una vida vacía que no satisface.

Que sea pecado mortal, crimen, una salida cobarde, una solución egoísta o el derecho natural que todos tenemos, el suicidio siempre será un recurso al cual cada uno de nosotros puede recurrir, de acuerdo con las circunstancias de su vida.

PREGUNTAS ───────────────────────────────

1. ¿Está usted feliz de haber nacido? ¿Por qué?
2. ¿Conoce o ha tenido alguna experiencia con un caso de suicidio? Descríbala si puede.
3. ¿Cuál es su opinión sobre el suicidio?
4. ¿Cree que tenemos el derecho a decidir sobre nuestra vida? Explíquese.
5. En su opinión, ¿el suicida es un valiente o un cobarde? ¿Por qué?

Tengo el derecho al suicidio

Yo no quiero matarme ni sugiero que otro lo haga, pero estoy convencido de que cada persona tiene el derecho a decidir si quiere vivir o morir. Sé que técnicamente es un crimen, un pecado y una tragedia, pero también, filosóficamente, es un derecho personal que podemos ejercer si queremos.

Los que condenan el suicidio sólo lo contemplan desde el punto de vista negativo, la pérdida de la vida o el gasto de talentos o recursos personales. No hay duda de que tiene un aspecto negativo, pero todo aspecto de la vida lo tiene. No hay nada completamente feliz ni completamente infeliz.

La gloria o nobleza del suicidio se ve en el control que tiene el individuo sobre su vida y si quiere sostenerla. Si alguien no quiere seguir viviendo una existencia inútil, ¿quién puede decirle que necesita persistir en ese empeño deprimente que es su vida? Claro que podemos animarle para que vea lo bueno de ella, pero al mismo tiempo tenemos que afirmarle su derecho a controlar su propio destino.

¿Cómo es que podemos glorificar el sacrificio que hicieron los mártires de la religión o los héroes de causas políticas y sociales y al mismo tiempo condenar el suicidio de otros? Si alguien arriesga su vida con pocas probabilidades de salvarse, será igual que suicidarse, pero en este caso es un héroe, un mártir, no un suicida.

Si creemos que el suicidio es tan malo, debemos tratar de eliminar las causas que ayudan a provocarlo: la frustración, la miseria, las enfermedades mentales, las vidas inútiles y vacías. En efecto, tenemos que mejorar las condiciones de vida para todos los seres humanos, a fin de evitar más suicidios.

No debemos juzgar las razones ni los motivos por los cuales algunos toman la decisión de no prolongar su pena y sufrimiento. Ayudémoslos si podemos, pero no los condenemos si no hemos pasado por la misma situación. Como dice el refrán, "es mi vida y yo la viviré", también tenemos que aceptar lo contrario, "es mi vida y yo *no* la viviré".

PREGUNTAS

1. ¿Cree usted que haya casos en los que el suicidio esté justificado? Explíquese.
2. ¿Cuál sería su reacción si un amigo o familiar le confesara que piensa suicidarse?
3. ¿Qué opina de las personas que se inmolan por razones religiosas, patrióticas o de cualquier otra índole?
4. En el caso hipotético de que usted decidiera suicidarse, ¿qué clase de muerte seleccionaría?
5. ¿Qué sabe de las estadísticas de suicidio?

Nadie tiene el derecho a suicidarse

La vida es preciosa y nunca se debe desperdiciar. Por muchas razones, rechazo por completo que el suicidio sea la solución para una vida difícil. Veámoslas una por una.

Muchos piensan en suicidarse porque han tropezado con una barrera que les parece insuperable. Estas barreras son, sin excepción, vencibles si buscamos la ayuda de otro que, como testigo imparcial, puede ver la salida o solución. Es cuestión de paciencia, no de dispararse una bala en la cabeza.

¿Qué se resuelve con el suicidio? Yo afirmo que nada, porque el problema, real o imaginario, sigue existiendo filosóficamente. Por ejemplo, alguien que quiere morir por haber perdido en el amor, a través de su muerte, sigue perdiendo, o mejor dicho, definitivamente ha perdido, sin esperanzas de remediar la situación. Si hubiera seguido insistiendo quizás habría podido cambiar el parecer de su amado, o sólo viviendo habría podido encontrar otro amor. Lo único que hizo con su muerte fue cortar la posibilidad de cambiar su mala suerte.

Además, si mantenemos y afirmamos el derecho al suicidio, ¿qué pasará con la vida de este planeta? ¿Cómo afectaría a la sociedad si cada persona decide matarse? La sociedad se debilitaría porque los problemas no se resolverían; al contrario, nos destruirían uno por uno. Es un verdadero fatalismo con el cual la sociedad no puede vivir.

Por otra parte, si no podemos quitarle la vida a otra persona (salvo en defensa propia), ¿cómo podemos justificar quitándonosla a nosotros mismos? Si no podemos matar a otro, tampoco podemos matarnos a nosotros mismos porque el resultado es el mismo, una vida perdida.

¿Podrías concebir el caso de matar a alguien por haber perdido en el amor? Seguro que no, pero por la misma razón, ¿cómo puede matarse una persona engañada en el amor? ¿No sería una razón caprichosa, leve, sin fundamento?

Ya podemos ver que desde los puntos de vista social, psicológico, familiar y religioso, el suicidio no es ninguna respuesta a los problemas serios de la vida. Lo único que

hará un suicidio es crear más angustia y sufrimiento para los familiares y amigos del
difunto, ya que generalmente produce una reacción en cadena creando un sentido de
desesperación en el círculo familiar del muerto, lo cual puede producir más tragedias.

Sólo se vive una vez, y la vida es un don precioso de Dios; por eso, ¿para qué
sofocar una vida que puede ser fructífera y satisfactoria si sabemos que todos tenemos que pasar vicisitudes, fracasos, engaños, derrotas, cambios y frustraciones?

PREGUNTAS

1. ¿Considera usted el suicidio como un crimen contra la sociedad? ¿En qué sentido?
2. ¿Ayudar a alguien a suicidarse es un acto criminal? ¿Por qué?
3. ¿Conoce algún caso en la historia de alguna persona famosa que se haya suicidado por
   amor? Cuéntenos la historia.
4. ¿Qué medidas propondría usted para eliminar o reducir el suicidio?
5. En su opinión, ¿existe, desde un punto de vista natural, biológico o social, el derecho
   al suicidio? Explíquese.

V·O·C·A·B·U·L·A·R·I·O

aguantar   sostener, sufrir

animar   confortar, incitar

arriesgar   exponerse a un peligro

ayudar   dar asistencia o auxilio

bala   proyectil que sale de un arma
de fuego

barrera   obstáculo, impedimento

caprichoso   que obra o actúa sin un
fundamento lógico

defraudado   engañado, frustrado

derrotado   vencido

desengaño   descubrimiento del error
en que se estaba por el cual uno no
conocía la verdad

desgracia   adversidad

desperdiciar   perder y no utilizar las
cosas correctamente

difunto   persona muerta

empeño   insistencia por hacer algo

engañar   inducir a creer lo que no es
verdad

fracaso   evento con un fin desafortu-
nado o negativo

inmolar   ofrecer en sacrificio una víctima

leve   ligero, de poca importancia

parecer   opinión

pecado   violación de las leyes de Dios

rechazar   resistir, refutar

regalo   lo que se da en calidad de
obsequio o presente

salvo   excepto, fuera de

sofocar   oprimir, apagar

sostener   mantener, tolerar

suerte   fortuna

tropezar   dar con los pies en algún
obstáculo

vacío   sin contenido

REPASO GRAMATICAL

32. El participio pasivo como adjetivo

El participio pasivo de los verbos se usa frecuentemente como adjetivo y como todos los adjetivos concuerda en género y número con el nombre que modifica.

> Hubo cuatro **personas muertas** en el accidente. (morir)
> Él era el **hombre preferido** por las mujeres. (preferir)
> Ella era **una joven defraudada** por la vida. (defraudar)

A. Sustituya el nombre que se usa en las siguientes oraciones con los nombres que se dan entre paréntesis:

> Modelo: El suicidio es una **solución prohibida** por la Iglesia (tema, tragedia).
> El suicidio es un **tema prohibido** por la Iglesia.
> El suicidio es una **tragedia prohibida** por la Iglesia.

1. El **hombre** se siente **defraudado** (los niños, la ciudad, las mujeres).   2. La **vida está bendecida** por Dios (el templo, los religiosos, las aguas).   3. Las **escuelas** se sienten **conmovidas** por el número de suicidios (el superintendente, los maestros, la sociedad).
4. **Todos** estamos **convencidos** de que la vida es buena (el estudiante, la directora, las profesoras).   5. El **paciente** está **perturbado** mentalmente (la enferma, los locos).

B. Agregue a las siguientes oraciones la forma adjetival del verbo dado entre parénte-sis, a fin de calificar al nombre que aparece en negrita:

> Modelo: El suicida terminó con su **vida** (desesperar).
> El suicida terminó con su **vida desesperada**.

1. Algunas veces la **vida** de la ciudad conduce al suicidio (apurar).   2. Las **decisiones** deben tomarse con cuidado (comprometer).   3. Muchas mujeres se suicidan por un **amor** (frustrar).   4. La muerte es un **final** (esperar).   5. Los suicidas potenciales viven **vidas** que los inducen a la muerte (defraudar).

33. El adjetivo negativo

Hay muchos adjetivos en español que no admiten los prefijos **in-**, **des-** o algún otro para formar el negativo. En estos casos se hace uso del vocablo **no** seguido del adjetivo, y en ocasiones pueden usarse **poco** o **nada**, aunque parece no existir criterio fijo para determinar en qué casos pueden usarse o no estas formas.

¿Es el suicidio un acto trágico o **nada** trágico?

El suicidio es una decisión **no** fácil de tomar.

Vivir la vida es una decisión **poco** difícil de tomar.

La mayor parte de los adjetivos que tienen su forma negativa propia pueden también admitir los vocablos **no** o **nada**, aunque esta opción no es de uso frecuente.

La ayuda al suicidio es **ilegal** (**no** legal, **nada** legal)

El consejo fue **inoportuno** (**no** oportuno, **nada** oportuno).

EJERCICIOS

Cambie las siguientes oraciones, usando la forma negativa del adjetivo según el modelo:

Modelo: Fue una acción trágica.
                 Fue una acción **no** trágica.
                 Fue una acción **nada** trágica.

1. El joven tenía una vida fructífera.   2. A veces confrontamos problemas difíciles.
3. Aquella fue una actitud sensata.   4. La muchacha padecía de una enfermedad grave.
5. El suicidio es una solución correcta.   6. ¿Es el suicidio un derecho reconocido?
7. El problema tuvo un final satisfactorio.   8. El suicidio es un tema controvertible.

EJERCICIOS DE VOCABULARIO

A. Complete con una palabra lógica y correcta.

1. Nadie puede _____ si quiere nacer.

2. El suicidio es un pecado _____ en muchas religiones.

3. Algunos se suicidan después de un(a) _____ perdido(a).

4. Es fácil contemplar el suicidio si parece que hemos perdido _____ de la vida.

5. Las _____ de la vida causan muchos suicidios.

6. Un suicidio puede producir otros como una reacción en _____.

7. Si no podemos matar a otro, tampoco podemos matarnos a nosotros _____.

8. Muchos afirman que la vida es un don _____ que no se debe gastar.

9. Se puede pensar que el suicidio es un _____ personal que tenemos.

10. Muchos piensan en suicidarse pero pocos lo _____.

B. Complete con su propia opinión.

1. Podemos ayudar a los que intentan el suicidio pero _____.

2. Es difícil aceptar el suicidio como solución porque _____.

3. Si alguien habla siempre del suicidio, _____.

4. En tiempos de guerra y miseria hay muchos suicidios porque _____.

5. Si un amigo mío hablara de matarse, _____.

6. Aunque el suicidio pueda resolver un problema inmediato, _____.

C. ¿Está de acuerdo con las siguientes afirmaciones? Explique sus razones con claridad.

1. Muchos jóvenes contemplan el suicidio porque no pueden aceptar las vicisitudes de la vida.

2. La verdadera tragedia del suicidio es el sufrimiento que causa en los familiares del suicida.

3. Hay situaciones en las cuales se puede justificar el suicidio.

DESAFÍO DE PALABRAS

Busque la palabra del segundo grupo que mejor describa o defina las del primero.

regalo	escoger	comúnmente
derrotado	deprimido	remedio
grave	delito	sugerir
contemplar	persistir	vicisitud
fracaso	difunto	resolver
afectar	provocar	precioso
desperdiciar	barrera	real

crimen	influir	recomendar
derrota	solucionar	seleccionar
gastar	obstáculo	verdadero
valioso	seguir	considerar
serio	triste	solución
suceso	motivar	vencido
muerto	normalmente	presente

Busque en el segundo grupo de palabras el opuesto a cada palabra del primero.

leve	derrota	desperdiciar
vencible	rechazar	mejorar
tragedia	negativo	salida
cobarde	seriamente	nacer
aceptar	muerte	preguntar
invicto	rehusar	aceptar
entrada	positivo	grave
morir	nacimiento	contestar
valiente	victoria	empeorar
guardar	comedia	alegremente

CAPÍTULO 16

¿HERENCIA O MEDIO AMBIENTE?
▼▼▼

La herencia

Todos sabemos que a través de la herencia los organismos vivientes como el hombre, animales y plantas, transmiten a sus generaciones, por vía de reproducción, ciertos factores o características que determinan, en mayor o menor grado, un parecido con sus progenitores. De ahí que la herencia siempre haya tenido una gran influencia en la evolución y desarrollo de la humanidad, que es a la que en particular nos hemos de referir.

¿Hasta qué punto ejerce la ley de la herencia influencia en el hombre, no tan sólo en el aspecto físico y biológico, sino también en el campo de las características mentales, de las emociones, y de las reacciones que en general determinan la conducta o su manera de ser?

Es evidente que las características hereditarias de índole física y biológica son de gran importancia en el hombre. Por ejemplo, la determinación de la raza, ya sea negra, blanca, amarilla, o la mezcla de algunas de ellas, influyen muchas veces en el hombre.

La estatura y los rasgos fisonómicos, son también relevantes. Tomemos, por ejemplo, el caso de una mujer extremadamente bonita y hermosa: puede dar lugar a que desarrolle un sentimiento de orgullo, de vanidad, de soberbia que posiblemente no lo encontraríamos en una mujer con poca belleza. Un hombre alto, fuerte, con características físicas no comunes, puede desarrollar un carácter agresivo y violento, mientras que un hombre bajito, débil, enclenque, puede ser invadido por un complejo de inferioridad que posiblemente lo anule en la gran lucha por la vida.

En otro aspecto, la inteligencia, ciertas aptitudes naturales para el ejercicio y desarrollo de las artes, como la pintura, la música, la escultura, pueden ser rasgos que se adquieren por herencia, y los cuales seguramente han de influir en aquellos que los posean.

No hay dudas, pues, que la herencia es de una extraordinaria importancia en la vida de la humanidad.

PREGUNTAS ──────────────────────────────────

1. ¿Qué sabe usted sobre las leyes de la herencia?
2. ¿Qué importancia tiene, en su opinión, la herencia en el desarrollo del hombre?
3. ¿Cuál es su opinión sobre las distintas razas? ¿Cree que haya razas superiores a otras?
4. ¿En quién cree usted que la herencia ejerza más influencia?, ¿en el hombre o en la mujer? ¿Por qué?
5. ¿Estima usted que las aptitudes o talentos artísticos se heredan o que son dones naturales con los que una persona nace? Explíquese.

El medio ambiente

Desde el mismo instante en que un ser humano nace, va a encontrarse con el medio ambiente, que ejercerá sobre él, durante el resto de su existencia, una influencia extraordinaria.

Pensemos, por ejemplo, en un muchachito, hijo de padres pobres, sin educación, que viven miserablemente en una pequeña habitación, que carecen de las cosas más simples para cubrir las más elementales necesidades. Pensemos ahora en un niño, hijo de padres ricos, con buena educación, rodeado de todas las comodidades, de todo el confort y ventajas que da una posición adinerada. En general, esos dos niños, ¿pueden tener las mismas ideas, conducta y reacciones ante iguales problemas? Seguramente que no.

El hombre que ha vivido siempre en el campo o en una pequeña aldea o pueblo, y el hombre que ha vivido en una gran ciudad, que trabaja en una fábrica o industria, ¿tendrán, en general, los mismos puntos de vista sobre un asunto en particular? ¿Serán sus reacciones semejantes? Es muy posible que no.

La mentalidad de un hombre que ha vivido siempre en la opulencia, que no ha conocido o que no ha vivido en un medio de miseria, de calamidades, de penurias, no será igual a la de aquel que ha sentido en su carne el aguijón del hambre, que no ha podido satisfacer sus necesidades, que no ha visto hecha realidad ni la más simple de sus ambiciones.

El medio ambiente, sin lugar a dudas, determina en gran parte el destino y la vida del hombre, no obstante las naturales excepciones que siempre se encuentran en toda regla de carácter general.

PREGUNTAS ──────────────────────────────────

1. ¿Qué entiende usted por "medio ambiente"?
2. ¿Cree que la pobreza o la riqueza sean factores importantes en la vida del hombre? ¿En qué sentido?

3. ¿Cómo determinan las circunstancias geográficas la vida del hombre? Por ejemplo, los que nacen y viven en Groenlandia, los componentes de las tribus africanas o los indígenas de las Américas.

4. ¿Qué importancia tiene el medio político-social en que se desenvuelve el hombre?

5. ¿Cree que la religión sea un factor importante dentro del medio ambiente? Explíquese.

Herencia y medio ambiente

Herencia y medio ambiente se complementan, y estos dos factores unidos, y gravitando sobre el hombre, habrán de determinar su vida presente y futura. ¿Es más importante la herencia que el medio ambiente, o viceversa? No sabemos, y en fin de cuentas poco importa determinar ese grado. Lo cierto es que el hombre no puede escapar por entero a su influencia.

Que hay casos en que el hombre rompe esa influencia y, a despecho de las leyes de la herencia y del medio ambiente, forja una personalidad distinta, diferente a la que era de esperar, no hay duda. Pero esto no es más que la excepción que confirma la regla. Estos son hombres fuera de lo corriente, de lo común, y quién sabe si a lo mejor la ley de la herencia ha ejercido en estos casos su influencia, pues ha transmitido cualidades que aunque no parecen pertenecer a sus más próximos antecesores, sí figuraron en otros ascendientes más lejanos.

De todas maneras, el hombre, con sus características hereditarias, con las circunstancias que lo rodean, irá a través de los caminos de la vida bajo la influencia determinante de esos factores. Y así vemos cómo unos son buenos y otros malos, unos inteligentes y otros estúpidos; optimistas, realistas o pesimistas; anárquicos, liberales o conservadores; orgullosos o modestos; pasionales o calculadores; dadivosos o avaros; en fin, desplegando toda la gama de virtudes, vicios, pasiones, perfecciones, fortalezas, debilidades, grandezas y pequeñeces, que han acompañado al hombre desde su creación hasta el presente y que, según todo parece indicar, lo seguirá acompañando hasta el fin de sus días.

PREGUNTAS ————————————————————————————————

1. ¿Cuál de los dos factores ejerce más influencia?, ¿la herencia o el medio ambiente? Explique su opinión.

2. ¿Cree usted que existan medios para contrarrestar las características hereditarias o de medio ambiente adversas o perjudiciales? ¿Cuáles serían esos medios?

3. ¿Conoce casos en que el hombre haya vencido estas adversidades? Mencione y explique algunos.

4. ¿Está satisfecho con el medio ambiente en que vive o anhela algún cambio?

5. ¿Qué características hereditarias favorables ha heredado usted? ¿Cree tener alguna característica hereditaria desfavorable?

V·O·C·A·B·U·L·A·R·I·O

a despecho de   a pesar de, contra la voluntad o gusto de uno

a medida que   mientras, al mismo tiempo

adinerado   que tiene mucho dinero, rico

aguijón (el)   punta, extremo, sensación

ambiente (el)   conjunto de circunstancias que acompañan a un hombre

anular   cancelar, abolir, borrar

ascendiente (el)   antecesor

avaro   que oculta lo que posee para aumentar su riqueza

carecer   faltar, no tener

comodidad   conveniencia

corriente   tiempo actual, ahora

dadivoso   generoso

dar lugar a   causar, permitir

debilidad   falta de fuerza

desarrollar   desenvolver

despecho   disgusto originado por un desengaño

ejercer   realizar, actuar; practicar los actos de un oficio o profesión

enclenque   débil, enfermizo

feo   no bonito

forjar   formar, dar forma

fortaleza   fuerza, vigor

gama   escala, panorama

gravitar   pesar sobre alguien una influencia

herencia   el fenómeno de recibir características biológicas de los padres

índole (la)   tipo, clase

lejano   distante

medio ambiente   circunstancias físicas, psicológicas y sociales de la vida

penuria   escasez, falta de las cosas necesarias

pequeñez (la)   calidad de pequeño

progenitor   antecesor en línea recta; padre biológico

rasgo   característica notable

raza   grupo de humanos caracterizados por el color de la piel u otras condiciones físicas

rodear   estar algo alrededor de una cosa o persona

semejante   que se parece

soberbia   exceso en magnificencia, el creerse mejor que los demás

ventaja   superioridad de una persona o cosa respecto de otra

vicio   mala calidad, defecto moral

REPASO GRAMATICAL

34. El pretérito perfecto del indicativo

El pretérito perfecto expresa una acción completada en el pasado inmediato y que puede continuar y producir sus efectos en el presente. Se forma este tiempo con el presente del verbo auxiliar **haber** y el participio pasivo del verbo de que se trate. Recuérdese que el participio pasivo de los verbos se forma con las terminaciones -**ado** para los infinitivos que terminan en -**ar,** e -**ido** para aquellos que terminan en -**ir** y -**er.** Solamente un pequeño número de verbos tienen un participio pasivo irregular.

He estudiado mucho.	**Hemos escapado** de la miseria.
Ellos **han trabajado** poco.	Vosotros **habéis terminado** la tarea.
Ha tenido oportunidad.	Ustedes **han podido** ver eso.

A continuación se dan los verbos más comunes que tienen participios pasivos irregulares:

Verbo	Participio pasivo
abrir	abierto
cubrir	cubierto
decir	dicho
descubrir	descubierto
devolver	devuelto
escribir	escrito
hacer	hecho
morir	muerto
poner	puesto
romper	roto
ver	visto
volver	vuelto

EJERCICIOS

A. Conteste las siguientes preguntas usando el pretérito perfecto, de acuerdo con los modelos:

Modelos: ¿La herencia determina la vida?
Sí, la herencia **ha determinado** la vida.

¿Conoces la miseria?
Sí, **he conocido** la miseria.

1. ¿Puede el hombre escapar a la influencia de la herencia?   2. ¿Transmite la herencia estas cualidades?   3. ¿Ejercen los antecesores mucha influencia?   4. ¿Confirman estas excepciones la regla?   5. ¿Vive él en opulencia?   6. ¿Tiene la vida este efecto?   7. ¿Anula la herencia el efecto del medio ambiente?   8. ¿Los rasgos fisonómicos desarrollan el carácter?   9. ¿Soy yo víctima del medio ambiente?   10. ¿Carecen muchos de las cosas necesarias?

B. Cambie las siguientes oraciones al pretérito perfecto:

> Modelo: Se escribe mucho del medio ambiente.
>   Se **ha escrito** mucho del medio ambiente.

1. El hombre rompe esta influencia.   2. Se descubre más de la herencia.   3. Se hacen experimentos sobre el medio ambiente.   4. Abrimos los ojos a la realidad.   5. ¿Qué dices de las características físicas?   6. Esta teoría no muere.   7. Se ve que la herencia no explica todo.   8. La herencia no cubre estos casos.   9. ¿Vuelves a hablar de las excepciones?   10. El medio ambiente pone de manifiesto la realidad.

35. Otro uso del verbo *haber:* haber de + infinitivo

Además de usarse el verbo **haber** como auxiliar en los tiempos compuestos, se usa también para expresar cierta clase de obligación o de probabilidad. En este caso va seguido de la preposición **de** más un verbo en infinitivo.

> **Hemos de referirnos** a estos factores.
>
> El **habrá de forjar** una nueva personalidad.
>
> **Has de pensar** en lo que te he dicho.

EJERCICIOS ━━━━━━━━━━━━━━━━━━━━━━━━━━━━━━━━━━━━

Cambie las siguientes oraciones usando la forma del verbo **haber** *explicada anteriormente, a los efectos de expresar obligación o probabilidad.*

> Modelo: La herencia ejerce una gran influencia.
>   La herencia **ha de ejercer** una gran influencia.

1. El medio ambiente será más importante que la herencia.   2. Una mujer hermosa desarrollará un sentimiento de orgullo.   3. Un rico piensa distinto de un pobre.   4. Las circunstancias producen gran influencia.   5. La mezcla de razas favorece el entendimiento entre los hombres.   6. El complejo de inferioridad anuló su iniciativa.   7. Los progenitores transmitieron sus características físicas.   8. El hombre forja su propia vida.   9. La herencia y el medio ambiente determinarán tu futuro.   10. Su inteligencia dio lugar a que lo envidiaran.

EJERCICIOS DE VOCABULARIO

A. *Complete con una palabra lógica y correcta.*

1. La herencia siempre ha tenido una gran influencia en el _____ de la humanidad.
2. Es imposible determinar hasta que _____ la herencia determina la conducta del ser humano.
3. Las características físicas pueden influir en una persona dándole un _____ de superioridad o inferioridad.
4. El medio ambiente que rodea a alguien ejerce _____ influencia en su actitud hacia la vida.
5. El punto de _____ de una persona cambia con el medio ambiente.
6. Siempre hay excepciones que _____ la regla.
7. Heredamos muchas características _____ de nuestros padres.
8. Es imposible escapar por completo a la _____ del medio ambiente y la herencia.

B. *Complete con su propia opinión.*

1. La herencia ejerce más influencia en nuestras vidas que el medio ambiente porque _____.
2. Cada persona puede limitar la influencia del medio ambiente porque _____.
3. Es más fácil cambiar la influencia del medio ambiente porque _____.
4. Podemos limitar la influencia de la herencia con tal que _____.
5. El factor de más importancia del medio ambiente es _____ porque _____.

C. *¿Está de acuerdo con las siguientes afirmaciones? Explique sus razones con claridad.*

1. La herencia determina nuestra vida más profundamente que el medio ambiente.
2. Esencialmente el medio ambiente cambia y altera los efectos de la herencia.
3. Las instituciones pueden ayudarnos a aceptar o rechazar las influencias que ejerce la herencia.

DESAFÍO DE PALABRAS

Busque la palabra del segundo grupo que mejor defina o describa las del primero.

conducta	índole	belleza
enclenque	avaro	anular
aptitud	carecer	adinerado
pensamiento	aldea	solucionar
opulencia	no obstante	dadivoso
camino	penuria	confirmar

asegurar	propensión	egoísta
generoso	riqueza	pueblo
cancelar	hermosura	a pesar de
resolver	idea	ruta
débil	tipo	rico
faltar	comportamiento	miseria

CAPÍTULO 17

LA HOMOSEXUALIDAD

▼▼▼

Una introducción a la homosexualidad

Se ha dicho que la homosexualidad es tan vieja como la creación. Todos sabemos el significado de este vocablo: las relaciones sexuales entre individuos del mismo sexo. ¿Qué factores provocan o dan lugar a la existencia de este fenómeno? No vamos a tratar de determinarlos, pero es importante notar que también la homosexualidad existe entre algunos animales. Vamos a exponer aquí algunos aspectos e ideas sobre este tema que, en nuestros días, ha alcanzado una gran actualidad, al menos en nuestra cultura occidental.

Para los jóvenes, la discusión de este tema puede ser algo común y natural. Para las personas de anteriores generaciones no lo fue. Decenios atrás el tema era tabú. Todos conocían su existencia, pero sólo se hablaba de él a *sotto voce*. Los homosexuales trataban de evadir o, por lo menos, ser muy discretos en sus manifestaciones.

En tiempos recientes esta actitud ha cambiado radicalmente. Hoy los homosexuales, hombres y mujeres, hacen ostentación de su condición; se agrupan, hacen declaraciones, desfilan por las calles, exigen derechos y reclaman reivindicaciones. ¿Qué cree usted de todo esto?

PREGUNTAS

1. ¿Puede usted citar algunos factores que dan lugar a la homosexualidad? Descríbalos.
2. En su opinión, ¿por qué el tema de la homosexualidad se discute abiertamente?
3. ¿Es la homosexualidad una causa de discriminación para obtener un trabajo o posición? Cite algún caso que conozca.
4. ¿Existen algunas manifestaciones o síntomas en niños que determinen su homosexualidad al llegar a la adultez?
5. ¿Conoce algún personaje histórico, hombre o mujer, que se diga que fue homosexual?
6. ¿Por qué este tema en tiempos pasados se consideraba tabú?

Aceptemos a los homosexuales

Los homosexuales son seres humanos y tienen los mismos derechos y responsabilidades en la sociedad que los que no lo son. Tienen el inalienable derecho de seleccionar sus afectos, de escoger las personas por las cuales ellos sientan simpatía, afinidad o amor. Tienen el derecho de expresar sus sentimientos, sus ideas, sus inquietudes. Tienen el derecho al trabajo, a ocupar cualquier posición, grande o pequeña, importante o intrascendente, de gran responsabilidad o irrelevante, si reúne las habilidades y conocimientos para desempeñarla.

No debemos castigar a los homosexuales por su condición de tales, discriminándolos, situándolos en lugar aparte, marginándolos, hostigándolos como entes despreciables.

¿Qué derecho tenemos a calificar su conducta, o entrometernos en su vida íntima siempre y cuando esta conducta no lesione los derechos de los demás? Que cada cual haga con su cuerpo lo que más le guste o convenga. Todos necesitamos el afecto y la intimidad con otro ser.

La homosexualidad es tan natural como la heterosexualidad. Es como nacer hombre o nacer mujer. Todos somos producto de nuestro medio ambiente y de nuestra herencia, y los homosexuales existen también por esas dos razones, no por su propia voluntad. No es una enfermedad, como muchos dicen, ni es una aberración o un producto de las anomalías de la sociedad.

En definitiva, los homosexuales son dignos de respeto y consideración, y no debemos creer que los que no lo son constituyen un grupo superior.

PREGUNTAS

1. ¿Simpatiza usted con los homosexuales? ¿Qué opinión tiene de ellos?
2. ¿Cree que la homosexualidad es una enfermedad o una aberración?
3. ¿Considera que la homosexualidad es tan natural como la heterosexualidad? ¿Por qué?
4. ¿Cree que el uso de las drogas tiene alguna influencia en la homosexualidad? ¿En qué sentido?
5. ¿Es verdad que los hombres homosexuales son más débiles que los que no lo son? Explique su opinión.

La homosexualidad es execrable

Tengo un amigo que dice abominar a los homosexuales, llamándolos invertidos, sodomitas, afeminados, y otras cosas por el estilo. Los considera despreciables, inferiores, anormales y, en el mejor de los casos, enfermos. No concibe que un hombre pueda amar sexualmente a otro hombre. Lo mismo dice con respecto a la mujer. Cree que el hombre se ha hecho para la mujer, y viceversa.

La atracción o el instinto sexual existe en todo ser viviente. Es a través de la relación entre diferentes sexos que se procrean las especies, y así se perpetúan. ¿Cómo es posible concebir la homosexualidad, que va en contra de esta ley de la naturaleza? Qué bonito es ver a una pareja de enamorados, hombre y mujer, en el acto de la ceremonia nupcial, bendecidos por el sacerdote, y exhortados a que constituyan una familia, a que se multipliquen, a que tengan hijos, para que éstos, a su vez, crezcan, se casen y procreen a sus hijos, y así hasta el infinito, porque ésta es la forma de preservar y garantizar la existencia del ser humano.

¿Qué pueden crear los homosexuales? Nada que sea positivo, nada que ayude a la humanidad. Por el contrario, si algo producen es confusión, engaño, frustración. Ellos, productos de la unión de sus padres, están negándolos. ¿Cómo van a perpetuarse? No, y mil veces no. Los homosexuales son un factor totalmente negativo en la sociedad humana.

Para colmo de males, se dice que han traído y contribuido a la propagación de la terrible y mortal enfermedad conocida con el nombre de Síndrome de Inmunodeficiencia Adquirida (SIDA). No hay dudas de que la propagación del SIDA es un terrible castigo a la raza humana por permitir esas relaciones inmorales entre el mismo sexo.

PREGUNTAS

1. En su opinión, ¿es la homosexualidad más criticable entre los hombres o entre las mujeres?
2. ¿Considera peligrosa la homosexualidad para el buen desenvolvimiento de la sociedad en general? Razone su respuesta.
3. El Síndrome de Inmunodeficiencia Adquirida (SIDA), ¿es una consecuencia de la práctica de la homosexualidad? ¿Qué sabe usted de esto?
4. ¿Cómo explica que siendo la homosexualidad tan vieja como la historia de la humanidad, el SIDA haya aparecido hace poco tiempo?
5. En su opinión, ¿debemos culpar a los homosexuales de la existencia del SIDA? ¿Por qué?

V·O·C·A·B·U·L·A·R·I·O

adentrarse   penetrar en el interior de una cosa

alcanzar   lograr, obtener algo

ambiente   circunstancias que rodean a las personas o cosas

ayudar   prestar, dar cooperación

castigar   ejecutar una pena impuesta al que ha cometido una falta

colmo   lo que razonablemente no se puede superar

crecer   aumentar de tamaño naturalmente

cuerpo   sustancia, materia

decenio   período de diez años

desfilar   marchar grupos de personas por algún lugar

despreciable   lo que no es objeto de estima

escoger   seleccionar

esconder   ocultar, encubrir

enamorado   que siente amor por algo o alguien

enfermedad   alteración de la salud

engaño   lo que no es verdad

falta   ausencia de una cosa necesaria o útil

intrascendente   no importante, que no sobrepasa un dominio del conocimiento

invertido   homosexual

lesionar   causar perjuicio o detrimento

pareja   homosexual

reclamar   exigir una cosa

reivindicación   acción de recuperar u obtener lo que le pertenece a uno

reunir   juntar, congregar

sodomita   homosexual

REPASO GRAMATICAL

36. Los grados de comparación de los adjetivos

Los grados de comparación son de igualdad, de desigualdad y superlativo.

Para comparar los adjetivos en un grado de igualdad se usan en español los vocablos **tan** y **como**. Ejemplos:

La homosexualidad es **tan** controvertible **como** el narcotráfico.

El derecho al trabajo es **tan** importante **como** el derecho de expresión.

Para comparar los adjetivos en un grado de desigualdad se usan en español los vocablos **más** o **menos** (según la desigualdad sea de superioridad o de inferioridad, respectivamente) y **que**. El vocablo **de** se usa en lugar de **que** cuando el adjetivo es un número. Ejemplos:

En San Francisco los homosexuales son **más** numerosos **que** en Nueva York.

El SIDA es **menos** común en los anglosajones **que** en los hispanos.

En Inglaterra hay **más de** cien hospitales que investigan el SIDA.

El grado de comparación superlativo se forma con los vocablos **más** o **menos** (según se indique superioridad o inferioridad, respectivamente) precedido por el artículo definido y seguido, regularmente, por el vocablo **de**. Ejemplos:

La prostitución es **la más** antigua **de** las profesiones.

La homosexualidad es **el menos** discutido **de** los temas.

EJERCICIOS

A. Cambie las siguientes oraciones, expresando grado de igualdad:

Modelo: La homosexualidad y la prostitución son funestas.
La homosexualidad es **tan** funesta **como** la prostitución.

1. Las hormonas y las glándulas son importantes.   2. La discriminación y el hostigamiento son antihumanos.   3. Los niños y los jóvenes están amenazados por el SIDA.
4. El gobierno y las instituciones cívicas están conscientes del peligro.   5. Las lesbianas y los hombres invertidos están preocupados por la enfermedad del SIDA.   6. Las instituciones religiosas y los políticos son muy discretos.   7. La prostitución y la drogadicción son execrables.   8. Los homosexuales y los heterosexuales son humanos.   9. Los padres y los sacerdotes son dignos de respeto.   10. El cáncer y el SIDA son enfermedades mortales.

B. Cambie las oraciones del ejercicio A, expresando un grado de desigualdad inferior:

Modelo: La homosexualidad y la prostitución son funestas.
La homosexualidad es **menos** funesta **que** la prostitución.

C. Cambie las oraciones del ejercicio A, expresando un grado de desigualdad superior:

Modelo: La homosexualidad y la prostitución son funestas.
La homosexualidad es **más** funesta **que** la prostitución.

D. Cambie las siguientes oraciones expresando un grado de comparación superlativo, primero de superioridad y después de inferioridad, usando como elemento de comparación el vocablo o la expresión dada entre paréntesis:

Modelo: La Argentina es una nación religiosa (América del Sur).
La Argentina es **la** nación **más** religiosa **de** América del Sur.
La Argentina es **la** nación **menos** religiosa **de** América del Sur.

1. Miami es una ciudad muy conflictiva (La Florida).   2. Aquel hombre era afeminado (grupo).   3. La fuerza moral es necesaria (todas).   4. Los católicos de Buenos Aires son fanáticos (la Argentina).   5. Los jueces federales de Los Ángeles fueron muy estrictos (California).   6. La homosexualidad es execrable (aberraciones).   7. Aquellos individuos eran pervertidos (ciudad).   8. Ese sodomita era peligroso (comunidad).   9. El SIDA es mortal (síndromes).   10. El tópico de la homosexualidad era tabú (todos los temas).

EJERCICIOS DE VOCABULARIO

A. Complete con una palabra lógica y correcta.

1. Muchos homosexuales no quieren _____ sus sentimientos.
2. Muchos heterosexuales piensan que los homosexuales son _____.
3. Los homosexuales tienen tantos _____ como los heterosexuales.
4. La homosexualidad no es producto del (de la) _____.
5. El homosexual tiene el derecho a _____ afecto de alguien del mismo sexo.
6. Se cree que un homosexual no puede cambiar porque _____ así.
7. Algunos hombres "machos" discriminan a los homosexuales porque quieren _____ su propia masculinidad.
8. Algunos piensan que el SIDA es un gran _____ a los homosexuales.
9. Algunos piensan que la homosexualidad va en contra de la _____.

B. Complete con su propia opinión.

1. La homosexualidad es normal para algunas personas porque _____.
2. Los homosexuales en general tienen más problemas en la vida porque _____.
3. Algunos desprecian a los homosexuales porque _____.
4. Hay algunos que no quieren admitir su homosexualidad porque _____.
5. Hoy es más fácil admitir la homosexualidad porque _____.
6. Si mi mejor amigo fuera homosexual, yo _____.

C. ¿Está de acuerdo con las siguientes afirmaciones? Explique sus razones con claridad.

1. Un homosexual debe admitir sus preferencias sexuales y vivir su vida naturalmente.
2. Muchos padres se sienten en alguna forma culpables si su hijo es homosexual.
3. En general los homosexuales son más simpáticos, creativos y sensibles que los heterosexuales.
4. Un homosexual nunca podría ser presidente de este país.
5. Hay muchos atletas "machos" que no quieren admitir su homosexualidad.

DESAFÍO DE PALABRAS ───────────────────────

Busque la palabra del segundo grupo que mejor defina o describa las del primero.

común	esconder	agrupar
exigir	situar	ente
calificar	lesionar	afecto
anomalía	abominar	garantizar
engaño	falta	marginar
poner	reunir	normal
juzgar	dañar	ser
detestar	mentira	ausencia
apartar	irregularidad	ocultar
asegurar	demandar	amor

¿Dónde estoy?

En este segundo juego se aplican las mismas reglas básicas dadas para el primero, para descubrir de qué lugar se trata.

1. ¿Está en la Tierra?   *Sí.*
2. ¿Está en el hemisferio oriental?   *No.*
3. ¿Está en Europa?   *Sí.*
4. ¿Está en el norte de Europa?   *No.*
5. ¿Está en Francia?   *No.*
6. ¿Está cerca de Italia?   *Bastante.*
7. ¿Está al oeste de Italia?   *Sí.*
8. ¿En una isla?   *No.*
9. ¿En una ciudad?   *No.*
10. ¿Está cerca del mar?   *Sí.*
11. ¿Ese lugar tiene fama por sus playas?   *No.*
12. ¿Es una nación independiente?   *No.*
13. ¿Es una provincia de un país?   *No.*
14. ¿Está en España?   *Bueno, en cierta forma sí, y en cierta forma no.*
15. ¿Está en Portugal?   *No.*
16. ¿Es una colonia de otro país?   *No.*
17. ¿Es parte de una nación europea?   *Sí.*
18. ¿Es una atracción turística?   *Sí.*
19. ¿Está cerca de África?   *Sí.*
20. ¿Está en el Peñón de Gibraltar?   *Efectivamente, ése es el lugar.*

REPASO GRAMATICAL

37. El verbo *estar* y sus usos

El verbo **estar** siempre nos da la idea de lugar, sitio o posición geográfica, física o figurada, de una persona o cosa. Esta idea puede ser permanente o temporal.

> ¿Dónde **están** tus tíos?
>
> Creo que **estarán** ya en el hospital.
>
> San José es la capital de Costa Rica; **está** en el centro del país.
>
> El aeropuerto **está** en las afueras, lejos del centro de la ciudad.
>
> Lucho **estaba** allí con su novia.
>
> Siempre **estarás** en mis pensamientos.

Con **estar** se habla de una condición accidental de una persona o cosa. Generalmente, esta condición es temporal.

> ¿Cómo **está** la sopa? **Está** muy fría.
>
> José **estaba** muy triste ayer, pero hoy **está** contentísimo.
>
> ¿Cómo **estará** mañana?
>
> Stalin **estuvo** gravemente enfermo durante más de un año.

El verbo **estar** indica el estado que ha resultado de otra acción.

> El rey **estaba** muerto. El asesino lo mató.
>
> **Estamos** listos para este examen. Estudiamos mucho.
>
> El televisor **está** roto. Mi hermano lo rompió.

El verbo **estar** con el gerundio forma los tiempos progresivos.

> Ella **estaba** llorando cuando yo vine.
>
> **Estará** durmiendo.
>
> Debe **estar** practicando ahora.

Estar puede usarse para expresar opinión general.

> Este ejercicio **está** muy difícil.
>
> Esta novela **estuvo** muy interesante.

EJERCICIOS

Conteste las siguientes preguntas con oraciones completas:

1. ¿Dónde estará tu profesor de inglés ahora? 2. ¿París está en el centro o en el sur de Francia? 3. ¿Qué estás haciendo ahora? 4. ¿Está roto el reloj o funciona bien? 5. ¿Cómo está el agua del lago Michigan ahora?, ¿fría o caliente? 6. ¿Han estado ustedes en España? 7. ¿Estaba enfermo Roosevelt antes de su muerte? 8. El último concierto de música rock, ¿estuvo muy bueno o muy malo? 9. ¿Estás muy cómodo en tu silla? 10. ¿Estarías más cómodo en una cama? 11. ¿Está bonito el día o hace frío? 12. ¿Había estado Napoleón en Waterloo antes de 1815? 13. ¿Están locos los comunistas? 14. ¿Hace tiempo que estás interesado en la política? 15. ¿Estás a favor o en contra de la legalización de la mariguana? 16. ¿Cuántos países africanos estaban libres antes de 1950? 17. ¿Estabas cansado al acostarte anoche? 18. ¿Están ustedes seguros de conseguir una buena nota en esta clase? 19. ¿Te alegras de estar en una clase de español? 20. ¿Ya estás aburrido con estas preguntas?

CAPÍTULO 18

EL TESTIGO ANTE UN ATAQUE FÍSICO

▼▼▼

El testigo interviene

Caminamos por una calle de una ciudad cualquiera. No importa la hora. Por la acera opuesta viene caminando una señora de mediana edad, y detrás de ella un muchachón, de tal vez no más de diecisiete años. De pronto, el jovenzuelo se lanza contra la señora y trata de arrebatarle el bolso que lleva en su brazo izquierdo. Ella se defiende y resiste la agresión. El pillo, enfurecido, comienza a golpearla y la lanza al pavimento, donde la patea fuertemente.

¿Cuál es nuestra reacción ante este ataque del que es víctima una indefensa mujer? ¿Debemos intervenir y ayudarla o, por el contrario, será mejor abstenernos de toda intervención en este hecho?

Un principio de solidaridad humana, un sentimiento de indignación ante la cobarde conducta del criminal, nos debe impulsar inmediatamente a salir en defensa de la persona injustamente atacada, y con riesgo de nuestra seguridad personal arremeter contra el atacante y evitar por todos los medios a nuestro alcance que prosiga en su despiadada acción.

No debemos considerarnos héroes, ni debemos creernos que estamos actuando con un espíritu quijotesco y que hemos salido a la calle para "enderezar entuertos" ni mucho menos. Si tenemos un poco de sangre en las venas resulta casi imposible concebir que podamos asistir impasibles a ese brutal ataque. Y sin detenernos a considerar las posibles consecuencias que podría traer consigo nuestra defensa, es nuestro deber de hombre civilizado, consciente de nuestro papel en la sociedad en que convivimos, intervenir y salir en defensa de un semejante que está siendo lesionado por uno que no tiene derecho alguno a formar parte activa de nuestra sociedad, sino que, por el contrario, debe ser confinado a una prisión o reformatorio, con la esperanza de que pueda meditar sobre su reprobable actitud y, quizás, volver, ya arrepentido, a constituir un valor positivo en la comunidad.

PREGUNTAS

1. ¿Qué opinión tiene usted de la persona que interviene ante un ataque injusto a un semejante?

2. ¿Conoce algún caso de ataque injusto, en el que otra persona haya salido en defensa del atacado? ¿Puede describirlo?

3. ¿Qué opina del individuo que ataca a otra persona indefensa para robarle o abusar de ella?

4. ¿Qué entiende por "espíritu quijotesco"? ¿Conoce a Don Quijote? ¿Quién es?

5. ¿Cree que el atacante debe ser penado severamente, aun cuando apenas haya lesionado al atacado, gracias a la intervención de otra persona?

El testigo no interviene

Muchos casos conocemos, principalmente en los Estados Unidos, de personas que fueron testigos presenciales de ataques físicos a otros semejantes y que han visto impasibles cómo un indefenso anciano o una bella joven han sido asesinados por un malvado criminal, sin que estos testigos hayan hecho lo más mínimo para detener la injusta agresión, ni siquiera llamar a la policía.

¿Cómo explican estos testigos su pasiva actitud? ¿Qué dicen para justificar su abstención? Ante todo, manifiestan que los protagonistas son personas que ellos no conocen, que igualmente desconocen los motivos que dieron origen al ataque, y que, por lo tanto, es un asunto que no les concierne, que no es de ellos. En segundo lugar, no quieren intervenir en un hecho que puede producirles una lesión en su seguridad personal, pues podrían ser heridos o muertos por el atacante, y porque, en el mejor de los casos, esa intervención acarrearía en el futuro una serie de inconvenientes y trastornos, como sería su comparecencia y declaración ante las autoridades encargadas de investigar, juzgar y sancionar el delito cometido.

En resumen, no quieren en forma alguna verse envueltos en un incidente de esa naturaleza. El asunto o ataque no es contra ellos y, por lo tanto, no intervienen. Que sea la policía, o un amigo o familiar de la víctima quien intervenga.

El testigo, sin nexos inmediatos, proseguirá su camino o, simplemente, volverá a la cama donde dormía cuando fue despertado por los gritos de angustia y de terror producidos por la indefensa víctima; y, mientras tanto, el criminal terminará impunemente su infame tarea, posiblemente matando a la desafortunada persona.

PREGUNTAS

1. ¿Qué opina usted de la persona que presencia impasible un ataque injusto a un semejante?
2. ¿Qué factores cree que influyen en un individuo para no intervenir en estos casos?
3. Si usted fuera testigo de un ataque injusto, ¿qué haría?
4. ¿Conoce algún caso en particular sobre este asunto? ¿Ha presenciado alguna vez un ataque injusto a una persona?
5. ¿Por qué cree que en los Estados Unidos la mayor parte de las personas se abstienen de intervenir en estos casos?

V·O·C·A·B·U·L·A·R·I·O

abstenerse   no intervenir en algo

acarrear   producir

acera   camino pavimentado al lado de la calle para el paso de los peatones

alcance (el)   disposición, capacidad

arrebatar   quitar una cosa violentamente a alguien

arremeter   acometer o atacar con ímpetu o violencia

arrepentirse   sentir pena por una acción cometida o por una omisión

comparecencia   acto de presentarse ante una autoridad legal o judicial

dar origen   originar

despiadado   que no tiene piedad o compasión

enderezar entuertos   corregir agravios o males, causados injustamente

envuelto   complicado, mezclado, enredado, comprometido

impasible   indiferente, insensible

impune   sin castigo

lesionado   herido, dañado

malhechor   que comete un delito

malvado   perverso, muy malo

nexo   unión de una cosa con otra

patear   golpear con los pies

pillo   persona mala, pícaro, ladino

presenciar   estar presente, ser testigo

quijotesco   que procede en forma grave y presuntuosa, idealista

riesgo   posibilidad de daño o peligro

trastorno   lo que produce un cambio perjudicial o un detrimento

REPASO GRAMATICAL

38. Diminutivos y aumentativos

En el lenguaje diario y popular del español son muy usados tanto los diminutivos como los aumentativos. En general, puede afirmarse que todos los nombres son susceptibles de usarse en forma diminutiva o aumentativa. También los adjetivos y adverbios, en su mayoría, gozan de esta cualidad.

Las formas diminutivas no tan sólo sirven para expresar la idea de pequeño, sino también como demostración de afecto y cariño y, en algunos casos, pueden expresar desprecio, inferioridad o menoscabo. Estos diminutivos se forman con ciertos sufijos o terminaciones que se añaden al nombre, adjetivo o adverbio. La terminación de más uso es **-ito** y su femenino **-ita.** También son de uso común las terminaciones **-cito, -illo, -ico** y **-cillo** y sus femeninos. Véase estos ejemplos de diminutivos con idea de pequeño:

La **niñita** fue secuestrada por el malhechor.

El **muchachito** gritó al ver que atacaban a su mamá.

El pobre **pajarillo** murió de una pedrada.

El criminal hirió gravemente al **viejecito.**

He aquí algunos ejemplos en los que se expresa cariño o afecto:

Vamos mi **hijito,** tómate la **lechita.**

Mi **amorcito,** te quiero **muchito,** ven y dame un **besito.**

¡Qué **buenita** eres, hiciste todo el **trabajito** que te pedí!

Ejemplos de diminutivos que expresan desprecio, inferioridad:

Este **abogadito** (o **abogadillo**) se cree un Emilio Zola.

El **juececillo** condenó a los acusados.

Juan no es más que un **doctorcito** petulante.

En cuanto a los aumentativos, además de expresar la idea de grande, también pueden manifestar desprecio, insulto, menoscabo. Estos aumentativos se forman con ciertos sufijos o terminaciones. Los más corrientes son **-ón** y su femenino **-ona;** **-acho, -azo, -ote,** y sus femeninos. Ejemplos de aumentativos con la idea de grande:

Antonio tiene una **cabezota** más grande que el edificio Empire State.

Ellos viven en una **casona.**

El **perrazo** mordió con furia al ladrón.

Pedro es un **hombrón** de seis pies y medio.

Ejemplos de aumentativos que expresan desprecio:

Ese **ricacho** no les da nada a los pobres.

El hombre usó unas **palabrotas** tremendas.

EJERCICIOS

A. Use las formas diminutivas, haciendo los cambios necesarios en las siguientes oraciones:

1. La **joven** fue golpeada brutalmente.　**2.** El testigo no ayudó a la **anciana**.　**3.** El atacante le arrebató el reloj al **muchacho**.　**4.** La **casa** fue destruida por el fuego.　**5.** La **iglesia** fue saqueada por los pillos.　**6.** Mi **vida**, ten cuidado con los maleantes.　**7.** **Papá**, dame dinero para ir al cine.　**8.** El **maestro** no sabía lo que iba a decir.　**9.** El **abogado** no supo defender al acusado.　**10.** El **jefe** creaba muchos problemas.

B. Use las formas aumentativas, haciendo los cambios necesarios en las siguientes oraciones:

1. Aquellas **manos** apretaron el cuello de la víctima.　**2.** La **mujer** medía casi siete pies de estatura.　**3.** Tenía unos **ojos** negros bellísimos.　**4.** La **muchacha** estaba robando en la tienda.　**5.** El criminal usaba unas **palabras** indecentes.　**6.** Aquel **libro** no servía para nada.　**7.** La **cara** de María es única.　**8.** El **hombre** tenía más miedo que un ratón.　**9.** El **gato** parecía un tigre.　**10.** El **muchacho** era adicto a las drogas.

EJERCICIOS DE VOCABULARIO

A. Complete con una palabra lógica y correcta.

1. El testigo de un ataque debe _____.
2. Los agresores atacan a los _____ porque piensan que nadie va a intervenir.
3. Algunos testigos no intervienen porque tienen _____.
4. Don Quijote trataba de _____ a los pobres y a los indefensos.
5. Si no puedes intervenir físicamente, debes _____ a la policía.
6. Un sentido de _____ nos impulsa a ayudar.
7. No podemos permitir que otro sea _____ de un ataque.
8. Si intervenimos en un ataque, es posible que tengamos que _____ en la corte.
9. No podríamos volver a dormir si oímos los gritos de _____ de una víctima.
10. Generalmente es difícil que sepamos los _____ de una riña o una lucha.

B. Complete con su propia opinión.

1. Si yo fuera víctima de un ataque, querría que alguien me ayudara porque
   _____.

2. No podemos seguir siendo pasivos a los crímenes en la calle porque _____.

3. Debemos intervenir en un ataque a menos que _____.

4. Parece que los ancianos y los débiles son las principales víctimas de los ataques porque
   _____.

5. Es mejor que no nos resistamos a un ataque porque _____.

C. ¿Está de acuerdo con las siguientes afirmaciones? Explique sus razones con claridad.

1. La mayoría de la gente prefiere no intervenir en un ataque en la calle porque tiene miedo de ser víctima también.

2. Mucha gente se siente indefensa en las calles de las ciudades grandes.

3. No es cobarde sino prudente no intervenir en un ataque.

4. Es fácil pensar en intervenir y ayudar a una víctima pero debemos pensar en las consecuencias que podría sufrir nuestra familia.

DESAFÍO DE PALABRAS

Busque la palabra del segundo grupo que mejor complete las siguientes oraciones.

1. Un testigo _____ un crimen o un accidente.
2. Mucha gente caminaba por las _____ de las calles.
3. El agresor pateaba a su víctima con los _____.
4. Mi padre es de edad _____ ; tiene 46 años.
5. La policía debe _____ si hay un crimen.
6. La víctima de un crimen puede estar _____ física o emocionalmente.
7. Algunos no intervendrían en un ataque porque _____ por su propia seguridad.
8. Los criminales violentos deben estar confinados por muchos años en la _____.
9. Algunos testigos de un crimen prefieren _____ y no intervenir.
10. ¿Cómo podemos ignorar los _____ de la víctima de un ataque?
11. Si intervenimos en un crimen, podemos vernos _____ en un proceso criminal.
12. La intervención de un crimen tiene el _____ de ser lesionado.
13. Alguien que no sale a ayudar a la víctima de un ataque, puede sentirse muy _____ por su falta de vigor.

aceras	intervenir	riesgo
cobarde	temen	presencia
mediana	cárcel	abstenerse
envueltos	pies	gritos
lesionada		

CAPÍTULO 19

EL NARCOTRÁFICO

▼▼▼

Flagelo de la humanidad

Sin dudas, el mal más terrible, peligroso y trágico que existe en estos momentos que vive la humanidad es el narcotráfico, o tráfico de drogas. El narcotráfico comprende la producción, la fabricación, la localización, la distribución y la venta de drogas, que trae consigo el uso y las consecuencias del mismo.

La batalla contra las drogas ha producido, hasta ahora, pocos resultados positivos. Las terribles consecuencias que este flagelo produce son incalculables: asesinato, homicidio, suicidio, violación, robo, chantaje, soborno, corrupción, enriquecimiento indebido e ilegal, pobreza, hambre, enfermedades, odio, venganza, traición. Es el compendio de todos los males. Es peor que la más terrible de las guerras, porque éstas, a veces, tienen una finalidad que puede favorecer a la humanidad. Otro aspecto muy peligroso del tráfico de drogas es la creación de un grupo organizado de criminales que, gracias al fabuloso enriquecimiento que este tráfico les produce, constituyen una fuerza poderosísima que llega hasta el extremo de retar a las autoridades gubernamentales de un país o nación, poniendo en peligro la estabilidad del gobierno.

Existen muchas clases de drogas, unas más poderosas que otras, pero todas fatales para el ser humano: cocaína, heroína, morfina, opio, mariguana..., y combinaciones de algunas de éstas como por ejemplo el "crack". Mezcladas con el alcohol, las drogas son devastadoras.

Las consecuencias de su uso son simplemente trágicas. Las personas que las consumen son drogadictas. En algunas ocasiones se usa por primera vez, la persona reacciona y no vuelve a probarla nunca más. Otras, vuelven por segunda vez, tercera, cuarta... Estas personas, posiblemente tienen algún problema emocional, moral, familiar o de cualquier otro tipo, y encuentran un escape, al menos transitorio, de su crisis. La droga los traslada a un mundo de fantasía, donde todo parece más fácil, más atractivo, donde sus penas terminan.

Desafortunadamente, después de un tiempo de uso continuado de la droga, la persona no puede vivir sin ella. Se convierte en un drogadicto. Un paria, un zombie, un desesperado, un esclavo de su vicio, un obsesionado, un criminal; la persona asesina, roba y viola, si con ello logra satisfacer la necesidad del vicio que la ha llevado al abismo.

Dos soluciones extremas se han propuesto para acabar con este flagelo: a) declaración del uso legal de las drogas, al igual que se hizo con el alcohol; b) continuación de la batalla, con todos los recursos disponibles, para destruirlo.

PREGUNTAS

1. En general, ¿cuál es su opinión del problema del tráfico de drogas?
2. ¿Cómo combatiría usted el narcotráfico?
3. ¿Qué opinión tiene de los narcotraficantes? ¿Qué clase de individuos son?
4. ¿Qué opina de los drogadictos? ¿Qué clase de personas son?
5. ¿Cuáles son las consecuencias o resultados del tráfico de drogas?
6. En su opinión, ¿qué droga cree que es la más dañina y por qué?
7. ¿Qué opina de la mariguana en particular?

Legalización del uso de drogas

El imperio de las drogas es el más poderoso de todos los grupos organizados del crimen. ¿Por qué es tan poderoso? Porque el producto o materia prima que lo sostiene se ha declarado ilegal. El día que se declare legal su consumición, ese mismo día el imperio se derrumba. Ya no tiene razón de ser. Los que lo regían no podrán competir con el organismo que el gobierno de la nación habrá de crear para el control de la venta y uso de la materia letal.

Muchas personas se horrorizan al pensar en la posibilidad de que se legalice el expendio y consumo de las drogas, pero otras creen que ésta es la única solución para acabar con la organización de criminales que controlan el narcotráfico.

Se ha comprobado que la lucha contra esta plaga ha resultado hasta ahora casi baldía. No importa que las autoridades de aduana y de policía ocupen grandes cargamentos de droga y pongan en prisión a unos cuantos traficantes. Lo que sobra es el producto, y los expendedores se multiplican, estimulados por las fabulosas ganancias que el "negocio" proporciona.

¿Cuánto cuesta esta batalla? Centenares de millones de dólares se invierten en esta contienda, sin resultados positivos, y todo esto sin contar con las vidas que se pierden, con los sufrimientos, calamidades, enfermedades y miseria que produce.

La existencia del drogadicto es el motor que trágicamente mueve esta máquina infernal. ¿Cómo podemos terminar con el drogadicto? Curándolo, educándolo. Si no hay personas que usen drogas, el problema está resuelto. Es muy fácil decirlo, pero sabemos cuán difícil es que se convierta en realidad.

¿Quién vendería la droga que ha de declararse legal? No se vendería en los supermercados o en las farmacias de la ciudad. Se vendería en establecimientos especiales, operados por autoridades de los gobiernos estatales, como se hizo cuando se declaró legal el consumo de las bebidas alcohólicas, y a un precio, tal vez, veinte o cincuenta veces más barato de lo que costaba cuando la venta era ilegal y estaba controlada por los narcotraficantes.

Todo esto puede parecer una incongruencia, un absurdo, un contrasentido, pero no lo es. El gobierno desplegaría una publicidad y propaganda masiva constante. Todo el dinero que antes se gastaba en la lucha contra el tráfico de drogas, más lo que se recaude por la venta, se usaría ahora para ayudar, sanar y orientar al drogadicto, y para alertar a toda la ciudadanía en general.

La venta de drogas por parte del organismo gubernamental sería algo muy peculiar, muy *sui generis*. En vez de anunciar y hacer propaganda a favor del consumo se haría todo lo opuesto, todo lo contrario. En las paredes, en los estantes del local, se desplegarían grandes y bien visibles letreros donde se informaría de las nocivas, terribles y trágicas consecuencias que trae consigo el consumo de las drogas, e incitarían a los consumidores a que dejaran el vicio.

Así, poco a poco, se iría exterminando al monstruo, hasta que llegara el día en que se cerraran esos establecimientos porque ya no habría clientes, no habría parroquianos que acudieran a ellos a comprar la droga maldita.

PREGUNTAS

1. ¿Cree que la legalización de las drogas acabaría con el narcotráfico? Explique su criterio.
2. ¿Cree que el gobierno de los Estados Unidos hizo bien cuando declaró la legalización de las bebidas alcohólicas? Razone su respuesta.
3. Si las drogas fueran legalizadas, ¿se atrevería a probarlas? ¿Por qué?
4. ¿Es fácil, en los momentos actuales, comprar drogas? ¿Cómo lo sabe?
5. ¿Cómo cree que reaccionarían los narcotraficantes si las drogas fueran legalizadas?
6. ¿Qué plan propondría para terminar con el drogadicto?

Guerra al narcotráfico

La legalización de la venta de drogas es un absurdo, un contrasentido, aun cuando esto se haga a través de un control total y absoluto por parte de las autoridades gubernamentales. Esto traería un aumento considerable de drogadictos, debido a lo fácil y barato de obtener la droga.

Al narcotraficante, a los grandes y poderosísimos "magnates" del multimillonario negocio hay que combatirlos a sangre y fuego. Estos criminales son muy poderosos, están muy bien organizados, gozan de extraordinaria influencia, sobornan a las autoridades, amenazan a los jueces, y asesinan, si es necesario, a quienes se les oponen.

Hay un proverbio español que dice "a grandes males, grandes remedios". Para combatir al narcotraficante y vencerlo no se puede andar con "paños calientes". Hay que usar mano de hierro.

Hasta ahora los narcotraficantes se ríen de las autoridades gubernamentales que tratan de detener este tráfico. Se ríen de las instituciones cívicas, religiosas y educacionales que, a través de los medios afines a cada una de ellas, luchan por su erradicación.

Hay sólo un medio para vencer este "cáncer social" que amenaza con destruir todo lo bueno que existe. El único medio es la guerra, pero una guerra en toda la acepción del vocablo. Una guerra donde se movilicen las fuerzas armadas de aire, mar y tierra de la nación. Una guerra donde las fuerzas aéreas bombardeen y arrasen con todas las plantaciones de mariguana, de coca, de adormidera. Una guerra donde las fuerzas de mar vigilen las vías marítimas por donde transitan las embarcaciones que transportan la droga, las detengan y, si fuera necesario, las echen a pique. Una guerra donde las fuerzas de tierra invadan todos los reductos donde se fabrica, se elabora y se envasa el maldito estupefaciente, destruyan todas las instalaciones, y detengan y hagan prisioneros a todos los que se encuentren en el lugar. Posiblemente estas instalaciones estarían defendidas por una tropa mercenaria, bien adiestrada y armada, y haría resistencia y se produciría una batalla donde habría bajas de uno y otro lado. Los prisioneros serían juzgados como criminales de guerra y serían condenados, según su importancia y participación, a prisión perpetua o a la pena de muerte.

PREGUNTAS

1. ¿Cree usted que sería posible que los Estados Unidos y otras naciones declararan una guerra formal al narcotráfico? Dé su opinión.
2. ¿Qué sería necesario para una formal declaración de guerra?
3. En su opinión, ¿cuál es la función de las Fuerzas Armadas de un país o nación?
4. ¿Cuáles son los países que producen mayor cantidad de cocaína, opio y mariguana?
5. ¿Qué sanciones o penas les impondría a los traficantes de drogas?
6. ¿Cree que los drogadictos deben ser puestos en prisión? ¿Por qué?
7. ¿Qué se puede hacer para que los drogadictos no usen más drogas?

V·O·C·A·B·U·L·A·R·I·O

abismo   profundidad muy grande; *(fig.)* cosa inmensa, incomprensible

acabar   terminar, finalizar

acudir   llegar, arribar a un sitio o lugar

adormidera   planta de la cual extraen el opio

aduana   lugar donde se inspeccionan las cosas que vienen de otros países

afines   próximos

amenazar   hacer temer un daño o mal

arrasar   destruir

baja   pérdida de un individuo

baldío   ineficaz, inútil

cargamento   conjunto de cosas que se transportan

cerrar   *(fig.)* poner fin a las actividades de uno

chantaje   acto de sacar dinero de alguien, amenazándolo con el hecho de difamarlo

compendio   resumen

contienda   pelea, disputa

dañino   que hace daño

derrumbarse   caerse

desplegar   poner en práctica una actividad

echar a pique   hacer que un transporte marino se hunda en el mar

estante   en una tienda, lugar donde se coloca o exhibe la mercancía

flagelo   *(fig.)* calamidad, aflicción

ganancia   utilidad que resulta de una acción

gozar   tener cierta cosa útil o beneficiosa, disfrutar de algo beneficioso

letal   mortal, mortífero

letrero   rótulo, inscripción

materia prima   substancia original de la cual se obtienen otros productos

paños calientes   *(fig.)* expresión popular que indica que los remedios son ineficaces

paria   persona ínfima, despreciable, sin valores de ninguna clase, hombre despreciado por los demás

parroquiano   cliente

penas   sufrimientos

plaga   abundancia de una cosa nociva y peligrosa

proverbio   frase que expresa un pensamiento de sabiduría popular

recaudar   colectar, percibir cantidades de dinero

retar   incitar a alguien a luchar contra algo o contra otra persona

soborno   acción de corromper a alguien con dinero para conseguir de él una cosa

sobrar   haber de una cosa más de lo necesario

tienda   lugar de comercio donde se puede comprar algo

venganza   causar daño a quien nos produjo daño anteriormente

vigilar   observar a alguien o algo para evitar que cause daño

violación   acción de forzar a una persona al acto sexual

violar   abusar sexualmente de una persona por la fuerza

REPASO GRAMATICAL

39. La forma impersonal *hay*

Hay es la forma impersonal, especial, de la tercera persona singular del verbo **haber,** en el tiempo presente del indicativo. Se usa siempre en singular, aun cuando el objeto sea plural. Expresa la idea de existencia. En los demás tiempos se usa la forma regular: **hubo,** para el pretérito; **había,** para el imperfecto; **habrá,** para el futuro, etc. En la lengua inglesa no existe para estos casos una forma singular con un solo vocablo,

> **Hay** muchas clases de drogas.
>
> **Había** muchos drogadictos en los hospitales.
>
> Solamente **habrá** dos traficantes vendiendo la droga.
>
> **Ha habido** muchos crímenes recientemente.
>
> Entre los detenidos **hubo** veinte mujeres.
>
> **Hay** varias ciudades peligrosas en los Estados Unidos.

Hay, seguida de **que** más un verbo en infinitivo, da la idea de obligación o necesidad en forma impersonal:

> **Hay que terminar** con el narcotráfico.
>
> **Hubo que emplear** las Fuerzas Armadas.
>
> **Había que destruir** los depósitos de cocaína.

EJERCICIO

Conteste, con oraciones completas, las siguientes preguntas:

1. ¿Cree que haya muchos drogadictos en esta ciudad? **2.** ¿Ha habido una campaña fuerte para erradicar el narcotráfico? **3.** En la televisión local, ¿hubo alguna noticia relacionada con el tráfico de drogas? **4.** ¿Cuándo hay más consumo de droga, durante el fin de semana o de lunes a viernes? **5.** En su opinión, ¿habrá que declarar una guerra formal a los traficantes de drogas? **6.** ¿Cree que habría más uso de drogas si éstas se declarara legales? **7.** En años anteriores, ¿hubo más crímenes relacionados con las drogas que en el momento actual? **8.** ¿Cree que en el futuro habrá más control? **9.** Si no hubiera personas que usen drogas, ¿se resolvería el problema? **10.** ¿Hay unas drogas más poderosas que otras? **11.** ¿Cree que habrá más o menos narcotraficantes en el futuro? **12.** En la lengua inglesa, ¿hay algún proverbio que exprese la misma idea del proverbio español "a grandes males, grandes remedios"? **13.** ¿Hubo muchos traficantes durante la prohibición del alcohol? **14.** En el estado de La Florida, ¿hay plantaciones de mariguana? **15.** ¿En qué país hay más tráfico de drogas? **16.** ¿Habrá que combatir el narcotráfico a sangre y fuego? **17.** ¿Por qué hubo que declarar la legalización del consumo de las bebidas alcohólicas? **18.** En su opinión, ¿hay razón para poner en prisión a los drogadictos?

EJERCICIOS DE VOCABULARIO

A. Complete con una palabra lógica y correcta.

1. Se debe _____ la venta de drogas.
2. Algunas drogas son _____ mezcladas con otras.
3. Las drogas han producido muchos _____ como robos, asesinatos y sobornos.
4. El promedio de adicción es más grande en la clase _____.
5. Un adicto es como un _____ a su vicio.
6. Algunos drogadictos no quieren _____ a su dependencia.
7. Muchos recurren al uso de drogas como un _____ a sus problemas.
8. Si se legalizan las drogas, el _____ necesitará imponer controles estrictos.
9. Una atracción del uso de las drogas es el hecho de que sean _____.
10. Si luchamos contra los narcotraficantes, debe ser una _____ completa.
11. Algunos "magnates" de drogas han sobornado a las autoridades con grandes cantidades de _____.
12. El consumo y uso de drogas ha _____ bastante recientemente.
13. En las universidades el consumo de drogas es _____.

B. Complete con su propia opinión.

1. La legalización de las drogas sería _____ porque _____.
2. Una guerra completa contra los narcotraficantes sería _____ porque _____.
3. Es posible que el uso de drogas disminuya en poco tiempo porque _____.
4. El gobierno no podría vender y condenar el uso de drogas porque _____.
5. Para los ricos el uso de drogas está de moda porque _____.

C. ¿Está de acuerdo con las siguientes afirmaciones? Explique sus razones con claridad.

1. El consumo de drogas sube porque la vida es insoportable.
2. Si permitimos la venta del alcohol y del tabaco, debemos hacer lo mismo con la mariguana y la cocaína.
3. Intentar controlar la venta de drogas por un gobierno corrupto es baldío.

DESAFÍO DE PALABRAS

Busque la palabra del segundo grupo que mejor defina o describa las del primero.

flagelo	droga	consecuencia
compendio	retar	mezclado
escape	pena	desafortunadamente
convertir	satisfacer	poderoso
derrumbar	baldío	letal
sobrar	proporcionar	infernal
desplegar	incitar	parroquiano
combatir	proverbio	vencer
remedio	detener	vocablo
arrasar	transitar	contienda
luchar	caer	desafiar
narcótico	resultado	conquistar
palabra	provocar	cambiar
solución	enseñar	quedar
destruir	parar	cruzar
complacer	cliente	fatal
desgraciadamente	combinado	dolor
resumen	calamidad	inútil
dar	dicho	fuerte
diabólico	disputa	salida

CAPÍTULO 20

LA PENA DE MUERTE

▼▼▼

Es necesaria

El derecho fundamental de todo ser viviente es el de conservar y continuar su vida o existencia; de ahí que pueda tomar cualquier acción en su propia defensa. Nadie duda que un individuo puede salir en su propia defensa en caso de ser atacado; la vida nos lo exige porque sólo con este instinto primordial ella se perpetúa.

La sociedad también tiene su vida y el instinto que la hace continuar. La pena de muerte es parte de esto; es un principio básico que muchas sociedades han adoptado para la defensa de sus miembros. La pena de muerte es, sobre todo, un castigo por un ataque personal a uno o más de sus componentes.

También se debe considerar el sistema de valores que tenemos. ¿Cuánto vale una vida? ¿Cinco años de encarcelamiento? ¿Diez años? Si uno ha tomado la vida de otro, ¿no debe ser castigado? Si el castigo es de diez años, de quince años, ¿no estamos diciendo que la vida del difunto valía diez años de encarcelamiento del matador? Una vida vale una vida. Si alguien se la quita a otro, deben quitársela a él también. Sí, la antigua ley de "ojo por ojo, diente por diente" es legítima.

Llámenlo venganza o no, para mí es el castigo justo para alguien que se ha querido imponer a la ley. Al terminar con la vida de un semejante, el asesino dice, en efecto, que para él las leyes de la sociedad no valen nada; y algo más grave, que la vida es algo que se puede tomar cuando se quiera. Bueno, si la vida tiene tan poco valor para él, afirmemos nosotros su gloria, diciéndole al homicida que la vida que él tomó tiene que ser pagada con un precio alto. Este precio no puede ser otro que el de su propia vida. Sólo así tendremos el valor real. Una sentencia ligera sería igual que aceptar que la vida de la víctima valía muy poco.

PREGUNTAS ───

1. Si usted está de acuerdo con la pena de muerte, explique sus razones.

2. En todos los casos en que una persona le quita la vida a otra, ¿debe aplicarse la pena de muerte? Explíquese.

3. ¿Cuáles son los factores para analizar en un homicidio? ¿Un homicidio premeditado merece la pena de muerte?

4. ¿Existe la pena de muerte en los Estados Unidos? ¿Cómo se aplica?

5. ¿Debe aplicarse la pena de muerte en los casos de asesinatos, genocidios o traición a la patria? Razone su opinión.

6. ¿Debe aplicarse la pena de muerte a los que cometen crímenes pasionales? ¿Por qué?

7. ¿Recuerda algún caso famoso en que se aplicó la pena de muerte? Dé detalles.

8. Si usted fuera gobernador de un estado donde existe la pena capital, ¿haría uso del derecho de suspender la ejecución? ¿Por qué?

9. ¿Qué interpretación le da a la sentencia bíblica "ojo por ojo, diente por diente"?

10. ¿Qué clase o forma de ejecución es menos inhumana?, ¿silla eléctrica, cámara de gas, ahorcamiento o fusilamiento? ¿Por qué?

Es injusta e inútil

Uno de los vestigios más antiguos de las civilizaciones primitivas es el de la pena de muerte. Aún se conserva en muchas sociedades modernas, pero poco a poco las más civilizadas ven la contradicción inherente en tal ley: la de decir que la vida es sagrada, mientras el Estado tiene el derecho de quitarla. ¿Cómo podemos mantener tal estupidez en nuestra sociedad sabiendo que ni evita más homicidios ni nos hace estimar más nuestra preciosa existencia?

Sí, es verdad que el acto de matar a un semejante es repugnante pero, ¿desde cuándo se puede justificar una matanza por otra? Si la primera fue tan mala, ¿cómo puede ser buena la segunda? Si se estima tanto la vida, ¿cómo se puede quitar la de un ser humano, aunque éste sea un miembro menos meritorio? Hable usted con alguien que haya sido testigo de una ejecución por el Estado y pregúntele si se sintió protegido o más civilizado, o si se sintió en la presencia de un acto sagrado. La matanza de cualquiera que sea, del hombre más noble o del tipo más cruel, no tiene gloria alguna.

Desde otro punto de vista, bien se sabe que un homicidio es, por lo general, un crimen de pasión, mientras que la pena de muerte es deliberada y bien pensada. Los actos de pasión son irrazonables y nunca podrán ser controlados por una ley. No hay ninguna reflexión en tal acto, y por eso la pena capital no va a evitarlo. De ahí que, en realidad, no logra su objetivo de reducir los homicidios, siendo más un sentido de justificación y venganza para la sociedad.

Si Dios nos dio la vida, ¿cómo podemos nosotros quitársela a otro? Ya es hora de que actuemos más como seres razonables y compasivos, en vez de actuar como animales brutales.

PREGUNTAS

1. Si usted no es partidario de la pena de muerte, explique sus razones.

2. ¿Cree que no debe haber excepción alguna a la prohibición de la pena capital? Razone su respuesta.

3. ¿Cree que la pena de muerte, en alguna forma, disminuye la realización de crímenes? ¿Puede dar detalles?

4. ¿Sabe de algunos países donde no existe la pena capital? ¿Cuál ha sido el resultado de esta medida? ¿Han disminuido o, por el contrario, han aumentado los crímenes?

5. ¿Qué medidas deben tomarse en relación con el individuo que ha cometido asesinatos en distintas ocasiones y que no ha sido condenado a la pena de muerte por estar prohibida?

6. ¿Cree en la rehabilitación de los criminales? ¿Por qué?

7. ¿Cree que la sociedad debe eliminar físicamente a aquellos miembros que son completamente nocivos para ella? Explíquese.

V·O·C·A·B·U·L·A·R·I·O

abolir   derogar, eliminar

ahorcamiento   quitarle la vida a uno colgándolo del cuello

anciana   mujer de muchos años

cámara de gas   sala donde se ejecuta al criminal por medio del gas

campaña   todas las acciones que se pueden aplicar para lograr un fin

cargos   acusaciones

castigo   pena que se impone al que ha cometido una falta o crimen

conmutar   cambiar una cosa por otra

cuchillada   ataque o herida por un cuchillo o una espada

de ahí que   consecuentemente, lógicamente

difunto   el muerto, el que murió

ejecución (la)   acto legal por el cual se le quita la vida a uno, ajusticiamiento

encarcelamiento   acción o efecto de estar en la cárcel o en prisión

esposas   pulseras de hierro para sujetar las manos de los presos

evitar   apartar o escapar de un peligro o un daño

fiscal (el)   abogado representante del estado o de la sociedad

fusilamiento   acción de ejecutar a alguien por arma de fuego

fusilar   ejecutar por tiros o disparos de armas de fuego

homicida   persona que causa la muerte a otro ilegalmente

homicidio   acto de matar a otro en contra de la ley

imponerse   enfrentarse forzosamente con pretensiones de superiorioridad

matanza   acción de matar

medida   medio

nocivo   malo, perjudicial, ofensivo

patria   país o nación donde uno nace

primordial   primero, fundamental

principio   fundamento

reo   persona acusada de algún crimen

sagrado   de orígenes religiosos o divinos

semejante   prójimo, vecino

traición (la)   deslealtad, infidelidad

traidor   el que comete traición

venganza   satisfacción que toma uno de un daño recibido

vestigio   señal, signo, o indicación que queda de alguna cosa o suceso

viviente   que vive, vivo

REPASO GRAMATICAL

40. Pronombres objetos de verbos

Los pronombres objetos de verbos son aquellos pronombres que, como su nombre lo indica, son objetos de una forma verbal, es decir, no son los sujetos del verbo sino los objetos del mismo, ya sea en forma directa o indirecta. En la oración simple *Ella me ama,* el pronombre **ella** es el sujeto de la forma verbal **ama**, ya que es quien ejecuta la acción de amar, mientras que el pronombre **me** es el objeto de la forma verbal **ama**, ya que es quien recibe la acción del verbo **amar**. Así, pues, podemos decir que **me** es un pronombre objeto directo de la expresión verbal **ama**.

Por regla general, los pronombres objetos de la tercera persona vienen a sustituir al nombre, común o propio, objeto del verbo, evitando así la necesidad de repetir dicho nombre. Por ejemplo:

Escribo **una carta**.

La escribo.

En la primera de estas expresiones estamos usando la frase nominal **una carta** como objeto directo de la forma verbal **escribo**. En la segunda, estamos usando el pronombre **la** en sustitución de la frase **una carta**, evitando así su repetición. Es evidente que el vocablo **la**, en este caso, tiene la función de pronombre objeto directo de la forma verbal **escribo**. Se dice, en este caso, que tanto el nombre como el pronombre son objetos directos del verbo porque la acción de éste se ejerce directamente sobre dicho nombre o pronombre. Regularmente el objeto directo de un verbo responde a la pregunta *¿Qué... ?,* representando los puntos sucesivos el verbo de que se trate. En el ejemplo dado, la pregunta sería *¿Qué escribo?* Obviamente la respuesta será: *Una carta.*

Hemos dicho también que un nombre o pronombre puede ser objeto **indirecto** de un verbo. En la oración *Escribo una carta a mi novia,* la forma nominal **a mi novia** es el objeto indirecto de la forma verbal **escribo**. Asimismo, esta forma nominal puede ser sustituida por un pronombre, con igual función de objeto indirecto del verbo, y con la finalidad de no repetir la forma nominal. Veamos un ejemplo:

Escribo una carta **a mi novia**.

Le escribo una carta.

En la segunda oración, la palabra **le** es un pronombre que sustituye a la forma nominal **a mi novia**. Así, pues, podremos decir que un nombre o pronombre objeto indirecto de un verbo es el que representa la persona o cosa a la cual, sin ser objeto directo, afecta la acción del verbo. Regularmente responde a la pregunta *¿A quién... ?* o *¿Para quién... ?, ¿A qué... ?* o *¿Para qué... ?,* y lleva por tanto las preposiciones **a** o **para**.

A continuación se dan los pronombres objetos de verbos que se agrupan en directos e indirectos.

Directos	Indirectos
me	me
te	te
lo, la	le
nos	nos
os	os
los, las	les

Muchas personas, principalmente en España, usan los pronombres indirectos **le** y **les** como objetos directos, cuando se refieren a personas masculinas, en vez de usar **lo** y **los.**

Como puede apreciarse, los pronombres correspondientes a las primera y segunda personas del singular y plural son los mismos para los directos que para los indirectos, por lo que en la práctica no debemos preocuparnos si dichos pronombres son objetos directos o indirectos del verbo de que se trate. Sin embargo, cuando sea necesario usar los correspondientes a la tercera persona, sí es importante distinguir si el objeto es directo o indirecto, ya que no son los mismos.

Veamos algunos ejemplos para ilustrar el uso de estos pronombres y la función que desempeñan:

El juez ordenó **la ejecución. (la ejecución,** nom. obj. dir.)

La ordenó en nombre de la ley. (**la,** pron. obj. dir.)

El criminal **me** lanzó **una cuchillada. (me.,** pron. obj. ind.; **una cuchillada,** nom. obj. dir.)

Me la lanzó con furia. (**me,** pron. obj. ind.; **la,** pron. obj. dir.)

Quiero mucho **a mi madre. (a mi madre,** nom. obj. dir.)

¿Por qué **la** quieres? (**la,** pron. obj. dir.)

La quiero porque ella es muy buena. (**la,** pron. obj. dir.)

La patria **nos** pide **sacrificio. (nos,** pron. obj. ind.; **sacrificio,** nom. obj. dir.)

¿Por qué **nos lo** pide? (**nos,** pron. obj. ind.; **lo,** pron. obj. dir.)

En los casos en que en una oración se usan pronombres directos e indirectos, el indirecto va antes del directo; como se puede apreciar en el último ejemplo dado. He aquí otro ejemplo de este caso:

Ella **te** escribió una carta.

Ella **te la** escribió.

En español es muy común, en los casos en que se usa un nombre como objeto indirecto del verbo, usar al mismo tiempo el correspondiente pronombre de la misma clase.

El juez **le** conmutó la pena **al criminal.**

Les estoy escribiendo **a mis padres.**

El policía **le** puso las esposas **al ladrón.**

Cuando en una misma oración se usan pronombres directos e indirectos, y ambos pertenecen a la tercera persona, el indirecto **le** o **les** se cambia o se convierte a la forma **se.**

Pedro **le** escribió una carta a su tío.

El **se la** escribió.

En general, los pronombres, directos e indirectos, objetos de un verbo, preceden al verbo. Solamente en los mandatos afirmativos es que van unidos a la forma verbal, no así cuando el mandato es negativo.

Escriba una carta.

Escríba**la.**

No **la** escriba.

Pueden también unirse estos pronombres a un verbo en infinitivo o a un gerundio, cuando dicho infinitivo o gerundio va precedido de otra forma verbal, aunque en estos casos puede seguirse la regla general de anteponerlos a la forma verbal de que se trate. Veamos algunos ejemplos de estos casos:

El gobernador quiere dar**nos** una conferencia.

El gobernador **nos** quiere dar una conferencia.

Quiere dár**nosla** porque cree que es útil.

Nos la quiere dar porque cree que es útil.

El Congreso está suprimiendo la pena de muerte.

Está suprimiéndo**la** por inhumana.

La está suprimiendo por inhumana.

En los casos en que el verbo en uso sea reflexivo, el pronombre de esta clase va antes de cualquier otro pronombre objeto del mismo, ya sea directo o indirecto.

Juan **se** cortó la cara. (**se,** reflexivo)

Se la cortó con un cuchillo. (**se,** reflexivo; **la,** directo)

El ladrón **se le** escapó al policía. (**se,** reflexivo; **le,** indirecto)

EJERCICIOS

A. Conteste las siguientes preguntas, usando el o los correspondientes pronombres objetos, de acuerdo con los modelos:

Modelos: ¿Amas la libertad?
Sí, **la** amo.

¿Le quitaron el revólver al ladrón?
Sí, **se lo** quitaron.

1. ¿Ejecutaron al asesino?   **2.** ¿Le conmutaron la pena de muerte al reo?   **3.** ¿Pidió el abogado un nuevo juicio?   **4.** ¿Teme usted a la justicia?   **5.** ¿Quiere ver usted al juez?
6. ¿Debemos ayudar a la policía?   **7.** ¿Te gustaría conocer al jurado?   **8.** ¿Rehusó el acusado contestar la pregunta?   **9.** ¿Ha visto usted una silla eléctrica?   **10.** ¿El jurado declaró inocente o culpable al acusado?

B. Conteste las siguientes preguntas de acuerdo con el modelo:

Modelo: ¿Escribiste los ejercicios?
Sí **los** escribí, pero no quería escribir**los**.
o
Sí, **los** escribí, pero no **los** quería escribir.

1. ¿Condenaron al matador?   **2.** ¿Vieron ustedes la ejecución?   **3.** ¿Abolieron la pena de muerte?   **4.** ¿Le conmutaron la pena capital al reo?   **5.** ¿Le probaron al acusado los cargos?

C. Conteste de acuerdo con el modelo:

Modelo: ¿Apruebas la pena de muerte?
No, no **la** apruebo; nunca podré aprobar**la**.
o
No, no **la** apruebo; nunca **la** podré aprobar.

1. ¿Defendiste al asesino?   **2.** ¿Has visto la prisión de Alcatraz?   **3.** ¿Conoces al abogado Perry Mason?   **4.** ¿Entiendes al juez?   **5.** ¿Fusilaron al traidor?

D. Conteste de acuerdo con el modelo:

Modelo: ¿Estuviste leyendo la sentencia?
Sí, estuve leyéndo**la**.
o
Sí, **la** estuve leyendo.

1. ¿Continúa el fiscal acusando al criminal?   2. ¿Sigue el jurado deliberando el caso?
3. ¿Le están celebrando el juicio al acusado?   4. Está rebatiendo los cargos el defensor
del fiscal?   5. ¿Seguirán aplicando la pena de muerte en los Estados Unidos?

E. ¿Cómo completaría estas oraciones?

1. Si una persona mata a otra, ¿debemos quitarle la vida al matador? Sí, debemos...
2. Un hombre que asesina a una pobre anciana, ¿merece compasión? No, no...
3. La pena capital es inhumana; debemos hacer una campaña. ¿Quiere usted...?
4. Los crímenes de traición a la patria merecen la pena de muerte. ¿Confirma usted esta
opinión? Sí,...   5. El traidor debe ser fusilado. ¿Le conmutaría usted la pena? No, no...

EJERCICIOS DE VOCABULARIO

A. Complete con una palabra lógica y correcta.

1. Un derecho primordial es el de defender y conservar nuestra _____.
2. Nadie tiene el derecho a _____ la vida de otro.
3. La pena de muerte es un remedio _____ de la sociedad.
4. Algunas sociedades emplean la pena de muerte por crímenes muy _____.
5. El _____ de un crimen serio debe ser muy severo.
6. Para muchos la pena de muerte es simplemente la venganza que quiere tomar el
_____.
7. Las ejecuciones han causado mucho(a) _____ en este país.
8. Las ejecuciones del Estado han producido la muerte de mucha gente _____.
9. Nadie puede decir los efectos _____ que ha tenido la pena de muerte en la
reducción de crímenes.

B. Complete con su propia opinión.

1. Muchas sociedades tienen y emplean la pena de muerte porque _____.
2. Aunque sea brutal, la pena de muerte es _____ porque _____.
3. Quiero que la pena de muerte se _____ porque _____.
4. En Estados Unidos muchos dicen que la pena de muerte es racista porque
_____.
5. Los ricos que cometen homicidios no son castigados con la pena de muerte porque
_____.

C. ¿Está de acuerdo con las siguientes afirmaciones? Explique sus razones con claridad.

1. La pena de muerte no ha evitado reducir el número de crímenes capitales.
2. El perpetrador de un crimen raramente piensa en las consecuencias de su acto.
3. Los que afirman el uso de la pena de muerte sólo quieren vengarse de los criminales.
4. Si usted fuera amigo o familiar de la víctima de un homicidio o violación, pensaría que la pena de muerte sería un castigo justo.

DESAFÍO DE PALABRAS

Complete las siguientes oraciones con una palabra lógica de las que figuran abajo.

1. Cada problema tiene su _____.
2. Todos tenemos el instinto y el derecho de nuestra propia _____.
3. El castigo de pena de muerte es muy _____.
4. Para algunos la pena de muerte es la _____ que quiere tomar la sociedad.
5. La vida de cada individuo tiene su propio _____.
6. Si no castigamos severamente a un asesino, estamos diciendo que la vida de la _____ vale poco.
7. Todavía tenemos y conservamos _____ primitivos.
8. Si la vida es _____, el Estado no tiene el derecho a quitársela a nadie.
9. Algunos mantienen que la pena de muerte no ha prevenido más _____.
10. Muchos homicidios son actos de _____.
11. Algunas sociedades modernas han abolido la pena de muerte porque han visto la _____ inherente en ella.
12. Debemos tratar de _____ el número de homicidios más razonablemente.
13. Algunos _____ a una ejecución por el Estado han dicho que fue repugnante.
14. ¿Qué forma de ejecución es menos humana?, ¿la silla eléctrica o la _____ de gas?

pasión	remedio	severo
contradicción	cámara	reducir
valor	homicidios	testigos
defensa	víctima	sagrada
venganza	vestigios	

CAPÍTULO 21

UNA CUESTIÓN LEGAL

▼▼▼

El abogado debe defender

Pongamos por caso el de una persona que ha sido acusada de haber cometido un asesinato y que, según todas las evidencias y pruebas que existen, es culpable del delito que se le imputa, pues inclusive esta persona confesó haber realizado el hecho criminal. Sin embargo, por un olvido o negligencia de las autoridades policíacas no se le advirtió, en el primer momento de su detención, del derecho que tenía a no hablar o declarar nada sobre el caso, si así lo quería.

Si un abogado alega en el juicio que se omitió este trámite, es seguro que el acusado quedará libre, por no haberse cumplido con ese tecnicismo legal. ¿Debe el abogado defender al acusado y lograr su absolución?

Nuestra respuesta es afirmativa. Debe defenderlo. Para eso es abogado. Cuando se decidió a estudiar para abogado y ejercer esa profesión, sabía que durante el ejercicio de su carrera se le presentarían toda clase de situaciones, y habría casos en que su cliente tendría la razón y el derecho, pero habría otros en que no los tendría. Como abogado tiene el deber de defender, en todo momento, a su cliente. No importa que éste sea verdaderamente culpable de un delito contra la vida. Si a través de un tecnicismo legal él puede obtener la absolución de su cliente, no debe vacilar en hacerlo.

Después de todo él está actuando dentro de la ley; él no está mintiendo, él es honesto consigo mismo, con su cliente, con los jueces, con la sociedad. Si las leyes procesales del estado dicen que es ineludible cumplir con el trámite que se omitió, él debe alegarlo en favor de su defendido y obtener su libertad. Igualmente, el juez que conozca del caso no tendrá otra alternativa que disponer la libertad del acusado.

Y no es lícito argumentar que es injusto que una persona realmente culpable de un acto criminal se vea en libertad, porque sencillamente él ha hecho uso de un derecho que las leyes de la comunidad a que pertenece le concede. Si la sociedad entiende que esto va en contra de sus intereses, ¿por qué, entonces, reconoce ese derecho? En sus manos está la solución: modifique o derogue ese requisito o tecnicismo legal. Pero no hay dudas de que mientras exista un medio por el cual el abogado pueda favorecer a su cliente, debe hacer uso de ese medio. Con razón o sin ella, es deber ineludible del abogado defender a su patrocinado.

PREGUNTAS

1. ¿Qué opina usted del derecho del acusado a abstenerse a declarar?

2. ¿Cree que la omisión de advertirlo de ese derecho sea causa suficiente para que quede en libertad, a pesar de que haya cometido el crimen que se le imputa? Razone su respuesta.

3. ¿Le gustaría ser abogado? ¿Por qué?

4. ¿Qué opinión tiene, en general, de los abogados?

5. ¿Estima que los abogados deben defender en todos los casos a sus clientes? Explíquese.

El abogado no debe defender

Pero, ¿cómo es posible concebir que un abogado que ciertamente sepa que la persona que requiere sus servicios profesionales es un vil asesino, la vaya a defender y obtener su libertad basándose en un tecnicismo legal?

No creemos que ésta sea la verdadera función del abogado. Estimamos que el abogado, como hombre, como profesional, tiene el deber, ante todo, de defender a la sociedad, y no a un miembro de ésta que ha violado sus principios y que ha lesionado gravemente sus intereses. Este abogado no podría estar a bien con su propia conciencia y con sus principios morales si se decidiera a defender y a lograr la libertad de alguien que pudiera el día de mañana, ya libre, atacarlo a él o a algún miembro de su familia.

Un abogado, en este caso, no debe pensar que va a ganar unos cuantos dólares más, ni que es su obligación, como abogado, defender al criminal. No importa que exista una ley procesal que favorezca al acusado. Si quiere ser útil a la comunidad, debe hacer lo posible para que el crimen no quede impune, es decir, sin castigo. Los abogados, así como los jueces, magistrados y autoridades policíacas, que se dedican a que la justicia se aplique y se cumpla, no pueden permitir de ninguna manera tal cosa. ¿Es ésta la forma de servir a la justicia? ¿Dejar en libertad a una persona que ha cometido un grave delito?

El tecnicismo legal debe ser anulado, o no debe aplicarse, por ser injusto, inmoral, discriminador, disociable. Y a aquel que lo aplicara habría que decirle que no está cumpliendo con el sagrado deber de defender a la justicia y la razón. ¿Qué pueden pensar de él los familiares y amigos de la víctima al ver que, valiéndose de un ardid o un truco legalista, va a lograr que el victimario quede en libertad? ¿No es esto una burla? ¿No es esto una agresión a las personas honradas y decentes, que son respetuosas de las leyes, que protegen a los componentes de la comunidad? Realmente se perdería el estímulo para continuar siendo un buen ciudadano.

No, y mil veces no. El abogado, en este caso, no debe defender al criminal. Su deber es quedar bien consigo mismo v con la comunidad a la cual pertenece.

PREGUNTAS

1. Si usted fuera abogado, ¿defendería al acusado en este caso? ¿Por qué?

2. ¿Qué entiende por justicia?

3. ¿Conoce algún caso verdadero en el cual se alegó este tecnicismo legal y el acusado quedó en libertad? Describa algo del caso.

4. ¿Qué cree de las leyes procesales de este país? ¿Deben modificarse algunas de ellas o en general todas son buenas?

5. Si las leyes penales que castigan los delitos en general tienen como finalidad la protección de la sociedad, ¿cómo es posible que existan también algunas que protejan al criminal?

V·O·C·A·B·U·L·A·R·I·O

advertir (ie, i)   llamar la atención, prevenir

alegar   citar

anular   cancelar, negar

ardid (el)   artificio, astucia

burla   acción por la que se convierte a una persona o cosa en objeto de risa

burlarse de   reírse, no tener respeto por alguien o algo

calificar   atribuir calidad

concebir   pensar, formar una idea

contar con   confiar en una persona o cosa

cuestión (la)   asunto, tópico

cumplir   ejecutar

declarar   dar testimonio, testificar

derogar   abolir, anular

disociable   que separa, desune

disponer   colocar, poner en orden

ejercer   practicar

estar a bien   estar tranquilo

estar de acuerdo   tener la misma opinión

impune   sin castigo

imputar   atribuir a uno la culpa, acusar

ineludible   inevitable

patrocinado   cliente, defendido

pertenecer   ser parte o miembro de un cuerpo u organización

procesal   relativo a un proceso judicial

proceso   diligencias judiciales de una causa

sinrazón (la)   falta de sentido o razón

trámite (el)   paso, proceso

truco   engaño, fraude

victimario   asesino

REPASO GRAMATICAL

41. *Para que* y el subjuntivo

La frase **para que** siempre va seguida del subjuntivo porque indica una acción que puede ocurrir pero no es seguro o cierto que ocurra.

> Debemos hacer lo posible **para que** el crimen no **quede** impune.
>
> El abogado lo defenderá **para que** la justicia **sea** servida.

EJERCICIOS

Cambie las siguientes oraciones al tiempo presente:

> Modelo: Se aprovechó de ese tecnicismo **para que** lo **libertaran.**
>   Se aprovecha de ese tecnicismo **para que** lo **liberten.**

1. El acusado no confesó su culpa para que el abogado tuviera más confianza en él.
2. La Corte Suprema cambió la ley para que nadie fuera víctima de la injusticia.   3. A los criminales les gustaban esos tecnicismos para que hubiera más oportunidades de evadir la justicia.   4. El juez no quería mostrar parcialidad para que no se impidiera la justicia.
5. El abogado hizo todo lo posible para que su cliente no recibiera una sentencia severa.

42. Los pronombres como objetos de preposiciones

Los pronombres que pueden ser objetos de preposiciones son, en español, los mismos que se usan como pronombres personales, con la excepción de los correspondientes a la primera y segunda persona del singular, que en este caso son **mí** y **ti.**

> Es **por ti** y por los radicales que hay tanto crimen.
>
> ¿Qué dice la ley? **Según ella,** la confesión es inválida.
>
> No hay nada que nos proteja **a nosotros** los ciudadanos.
>
> Estas leyes están **en contra de ustedes.**
>
> ¿Las leyes federales? No sé mucho **de ellas.**
>
> Lo juraría **ante ustedes** o **ante él.**
>
> Las leyes son para todos, **para mí** y **para vosotros.**

EJERCICIOS ━━━━━━━━━━━━━━━━━━━━━━━━━━━━━━━

A. Use la forma correcta del objeto, según los modelos:

Modelos: **¿El juez?** No sé nada **de él.**
             ¿La víctima? Las leyes no son **para ella.**

1. ¿El pueblo? La justicia es para _____.   2. ¿Los acusados? Los tecnicismos trabajan a favor de _____.   3. ¿La policía? Las nuevas leyes están en contra de _____.   4. ¿El delito? El acusado fue culpable de _____.   5. ¿Los derechos? Se ha hecho uso de _____.   6. ¿Los hechos? La corte no se dio cuenta de _____.   7. ¿Tú y yo? Ellos no piensan en _____.   8. ¿La justicia? A veces los abogados se olvidan de _____.   9. ¿Su inocencia? La víctima no puede contar con _____.   10. ¿El juicio? Se escribió mucho en el periódico sobre _____.

B. Conteste las siguientes preguntas usando el pronombre objeto apropiado.

Modelo: ¿La justicia es **para mí?**
            Sí, es **para ti. (usted)**

1. ¿Se burlan ellos **de la justicia?**   2. ¿Es **por las cortes** que hay tanto crimen?   **3.** Según la policía, ¿tienen la culpa los liberales?   4. ¿Las sentencias ligeras van acompañadas **por más crímenes?**   5. ¿Se escribe mucho **sobre el proceso judicial actual?**   6. ¿Te acuerdas **del juicio?**   7. ¿Insisten en la imparcialidad **de los jueces?**   8. ¿Confías **en nuestro sistema legal?**   9. ¿Crees que las leyes trabajan **en contra de ti?**   10. ¿Produce una mala reacción **en ustedes** la situación criminal de hoy?

EJERCICIOS DE VOCABULARIO

A. Complete con una palabra lógica y correcta.

1. Es un deber de los _____ defender a sus _____.
2. Cualquier acusado de un crimen tiene el derecho a _____.
3. Los tecnicismos deben ser _____.
4. Los jueces son los encargados de _____ a los criminales.
5. No es justo dejar en _____ a una persona que ha cometido un grave _____.

B. Complete con su propia opinión.

1. Los abogados deben defender en todos los casos a sus clientes, porque _____.
2. El tecnicismo legal es necesario, debido a que _____.
3. Los jueces deben cumplir con el tecnicismo legal y absolver al acusado, aun cuando éste _____.
4. En general, las leyes penales castigan los delitos, porque _____.
5. Algunas leyes procesales de esta nación deben ser revisadas, debido a que _____.

C. ¿Está de acuerdo con las siguientes afirmaciones? Explique sus razones con claridad.

1. Los tecnicismos legales no deben existir en el proceso judicial.
2. Hay casos en que los abogados no deben defender a un criminal.
3. Es correcto que existan leyes que protejan a los criminales.
4. En general, todas las leyes procesales de esta nación son buenas.

DESAFÍO DE PALABRAS

Busque la palabra del segundo grupo que mejor defina o describa las del primero. Tenga en cuenta que en un caso deberá buscar el opuesto.

abolir	inevitable	sociable
ardid	testificar	comunidad
honrado	asesinato	condenado
juez	imputar	asesino
ejercer	derogar	absolución
sentenciado	practicar	sociedad
declarar	homicidio	homicida
decente	liberación	eliminar
ineludible	suprimir	disociable *(op.)*
truco	acusar	magistrado

CAPÍTULO 22

LA CENSURA

▼▼▼

Apoyo la censura

Aunque básicamente estaría en contra del concepto de la censura, veo en ella algo esencial en cualquier sociedad: la necesidad de proteger al público de la mentira, del libelo, de la indecencia. El objetivo de la censura no es el de sofocar ni coaccionar al verdadero artista, científico o periodista que trata de buscar la verdad y formas nuevas de expresión, sino el de prohibir la obra de los artistas falsos, de los pseudocientíficos, de los vendedores de la suciedad y la pornografía, de los que abusan y se aprovechan de la sociedad.

¿No tenemos regulaciones y leyes en cualquier nación, aun en la más democrática y libre? Claro que las tenemos, porque son necesarias para el orden público y la protección del ciudadano. Tenemos leyes civiles, federales, estatales, municipales y más fundamentalmente, leyes morales y naturales, porque sólo con ellas se puede tener una vida más o menos tranquila y ordenada. Sin ellas, lo que nos espera es la confusión y el libertinaje, que trae como resultado que el bien común se deteriore, se debilite, se vea en peligro.

Sin duda que hay regímenes opresivos que abusan del poder de la censura, pero lógicamente, lo útil y necesario no se debe eliminar por el hecho de que unos cuantos hagan un mal uso de ella. La libertad, el don más preciado del hombre, ¿no abusan muchos de ella? Por eso, ¿vamos a eliminarla? Naturalmente que no.

Un ejemplo de esta eliminación de la censura lo tenemos en Dinamarca, donde se ha abolido por completo, lo que ha traído como consecuencia una proliferación de "literatura" que podríamos considerar pornográfica, así como ilustraciones, fotografías y películas en las que se presenta la sexualidad en todas las manifestaciones imaginables. En los Estados Unidos, en los últimos tiempos, ha aumentado considerablemente también esta clase de producción, aunque existe cierta censura y se trata de controlar su distribución. ¡Pero hay que ver los escaparates de algunas tiendas de Nueva York, Los Ángeles, Chicago y otras principales ciudades! ¡Cómo exhiben esa clase de "literatura"!

Claro que la censura es una medida de excepción y, como tal, debe ser aplicada con mucho tacto y prudencia; pero no hay dudas que es necesaria para proteger a la sociedad de los desmanes y las insolencias de unos cuantos malintencionados e irresponsables.

PREGUNTAS

1. ¿Es la censura una medida necesaria? ¿Por qué?
2. ¿Qué objetivos puede lograr una censura bien dirigida y orientada?
3. ¿Qué peligros ve usted en la censura?
4. ¿Existe la censura en los Estados Unidos? En caso afirmativo, ¿qué alcance tiene en esta nación?
5. Últimamente en los Estados Unidos ha crecido la llamada "literatura pornográfica". ¿Está de acuerdo en que debe existir censura para este material? Diga sus razones.

Sin censura

En mi opinión la palabra censura quiere decir "falta de libertad": la falta de libertad de expresión para el periodista, para el escritor, para el artista, lo que es, en suma, la supresión de la verdad o la realidad. ¿No me creen? Pues, ¿cuál es el objetivo de la censura sino el de anular a los que tienen el derecho de expresar lo que quieren decir? No me hablen de la protección o la vigilancia del público, porque ésa es la misma razón que dieron las autoridades de la Santa Inquisición, las de la policía de Hitler, de Stalin, y de todos los gobiernos autocráticos de la historia. "¡Oh, sí! Son sentimientos nobles para proteger al público de Galileo, de Zola, de Jefferson, de los escritores capitalistas, de las ideas democráticas, de nuevas formas artísticas, de los frutos de las imaginaciones más fértiles que ha producido este mundo", comentaba irónicamente un amigo mío cuando conversábamos sobre este asunto.

Lo que resulta de todo ello es la supresión de estas grandes facultades creadoras, suprimidas por hombres y fuerzas opresivas que, precisamente, carecen de lo que quieren amordazar: el poder intelectual de saber la verdad o el anhelo de buscarla. Para ellos la fuerza física o legal (muchas veces mal ganada) reemplaza la imaginación, el arte, la ciencia y la verdad. Haciéndose pasar por "los perros guardianes" de la sociedad, tratan de conformar a los que buscan sendas nuevas.

Según ellos, todo el mundo tiene que ser del mismo molde, tiene que creer las mismas creencias, tiene que obedecer al mismo líder de turno, poniéndose como pretexto la seguridad del Estado, de la Iglesia, del comunismo, del fascismo, del patriotismo, o tal vez de la democracia. ¿Qué libertad hay? Pues, la "libertad" de seguir lo que dice el Gobierno, o el dictador, o la Iglesia. Si uno no quiere conformarse puede ser que su suerte sea la de un Galileo o la de un Sócrates. ¡Qué horror!

Después de años de investigaciones científicas, de labor incansable, de búsquedas interminables, un genio alcanza por fin un hecho, un pequeño grano de la realidad, y su premio es la persecución, que a veces le hace contradecir aquello por lo cual ha dedicado toda una vida. No creo que haya peor consecuencia para el que busca la verdad.

PREGUNTAS

1. En un sentido amplio y general, ¿qué es la censura?
2. ¿Qué consecuencias trae consigo la censura?
3. ¿Qué es la censura de prensa?
4. En Dinamarca se ha abolido por completo la censura, por lo que la pornografía se ha legalizado. ¿Cree usted que esta medida es buena o mala? Explíquese.
5. Las películas que son clasificadas "X", ¿deben ser vistas por menores de dieciocho años? ¿Por qué?
6. ¿Qué cree usted de esta clase de películas?

V·O·C·A·B·U·L·A·R·I·O

amordazar callar, imponer silencio

anular cancelar, borrar

aprovecharse emplear útilmente alguna cosa

búsqueda investigación

carecer no tener, faltar

coaccionar forzar, obligar

contradecir decir lo contrario, negar

desmán (el) exceso

don (el) talento especial, habilidad natural

en suma en resumen

escaparate (el) ventana o cristal de una tienda que muestra lo que se vende

estatal del Estado

funesto fatal

genio hombre de gran inteligencia

hecho acción, obra, realidad

incansable que no se cansa nunca

libelo escrito en que se difama a alguien

libertinaje (el) libertad sin límites

medida medio, recurso

medio *(adj.)* común, ordinario

mentira irrealidad, lo contrario de la verdad

ordenado en orden, organizado

premio remuneración, ganancia

reemplazar sustituir

senda camino, caminito estrecho

sofocar impedir, dominar

suprimido omitido, prohibido

REPASO GRAMATICAL

43. Palabras que terminan en *ma,* y que son de género masculino

Hay un buen número de palabras en español que terminan con la sílaba **ma,** y que son de género masculino.

Es **un tema** muy largo y complicado.

¿Te gustan **los poemas** líricos?

Siempre dice que tiene **muchos problemas.**

A continuación se citan las de uso más común:

anatema	cablegrama	esquema
diagrama	dilema	lema
drama	enigma	problema
fantasma	idioma	síntoma
panorama	poema	tema
programa	telegrama	dogma
sistema	clima	teorema

EJERCICIO

Cambie al plural las siguientes frases u oraciones:

Modelo: Es **un tema** largo.
              Son **unos temas** largos.

1. El drama es muy trágico.   2. El sistema era sencillo.   3. Será un lema mexicano.
4. ¿Te gusta el clima frío?   5. Ese diagrama está correcto.   6. Es el esquema básico.
7. Es el dilema humano.   8. Apareció el fantasma.   9. Era un síntoma serio.   10. Me mandó el telegrama corto.   11. Es el enigma artístico.   12. Es un bonito idioma.
13. El dogma era católico.   14. El programa es malo.   15. Un panorama grandioso.
16. El teorema complicado.   17. El problema es muy grave.   18. El anatema injurioso.
19. El cablegrama llegó a tiempo.   20. Un hermoso poema.

EJERCICIOS DE VOCABULARIO

A. Complete con una palabra lógica y correcta.

1. La _____ es una forma de restricción de la libertad de expresión.
2. Muchas personas _____ la censura por estimarla necesaria para _____ a la sociedad.
3. La pornografía está _____ en todos los países del _____.
4. Cuando la libertad no está controlada se convierte en _____.
5. La libertad es el don más _____ del hombre.

B. Complete con su propia opinión.

1. La censura nunca es recomendable, porque _____.
2. La pornografía, en todas sus manifestaciones, es peligrosa porque _____.
3. Las naciones gobernadas por una dictadura hacen uso de la censura, porque _____.
4. En los Estados Unidos nunca ha funcionado la censura, debido a que _____.
5. En los países dictatoriales siempre ha habido censura, debido a que _____.

C. ¿Está de acuerdo con las siguientes afirmaciones? Explique sus razones con claridad.

1. La pornografía, en general, no constituye un peligro para la sociedad.
2. A veces, la censura de prensa es necesaria para evitar caer en el libertinaje.
3. Dinamarca es uno de los países donde existen menos crímenes de origen sexual.
4. El derecho a expresar lo que uno quiere decir no debe tener excepciones.
5. Las dictaduras hacen uso de la censura porque tienen miedo a la verdad.

DESAFÍO DE PALABRAS

Busque la palabra del segundo grupo que mejor defina o describa las del primero.

amordazar	acción	verdad
desmán	pretexto	nación
omitido	fatal	pseudo
camino	abolir	orientar
forzar	esencial	exhibir
senda	suprimir	dirigir
país	falso	mostrar
coaccionar	callar	primordial
excusa	obra	realidad
funesto	exceso	suprimido

CAPÍTULO 23

EL SOLDADO Y LA GUERRA

▼▼▼

Obedece a sus superiores

El soldado X se encuentra con la orden de ejecutar a dos personas sospechosas de ser espías que trabajaban a favor del enemigo. Las dos son mujeres, y a juicio de X, ellas son inocentes, pobres víctimas de una brutal e injusta guerra iniciada por un gobierno encabezado por un fanático que se ha dedicado a la total extinción del pobre país que atacaron hace dos meses. ¿Qué debe hacer el soldado X?

Para mí, X no tiene otra alternativa y obligación que seguir la orden de sus superiores y ejecutar a las dos espías. El primer y fundamental deber de un soldado es acatar y cumplir las órdenes de sus capitanes. Lo más esencial de cualquier ejército es la obediencia de sus soldados, porque sin esto no existiría la disciplina necesaria para lograr los objetivos de la guerra.

Al alistarse en el ejército, el soldado tiene que disciplinarse a hacer lo que le manden, olvidándose de sus principios, preferencias, gustos o cualquier filosofía de la vida que pueda impedir lo básico de su actual condición y existencia: la de ser soldado. Él es, en realidad, parte de un cuerpo que lleva a cabo la política de su gobierno, y si por cualquier razón no está de acuerdo con sus representantes elegidos, no debió haberse hecho miembro de los servicios armados de su patria.

Mientras sea soldado será más arma de su país que individuo, y por eso como arma o extensión de su gobierno, tiene que conformarse con las decisiones de éste. Lo injusto o justo que sea un acto no es su responsabilidad sino la de su gobierno, de modo que el soldado no actúa como hombre libre y sí como representante de su patria.

Desde el punto de vista práctico, ¿qué sería si todo el mundo se creyera en libertad de cumplir o no una orden mientras es soldado? Creo que se llama anarquía esto de no obedecer la ley o la orden de la nación.

PREGUNTAS

1. ¿Es necesaria la existencia de ejércitos en todos los países o naciones? ¿Por qué?
2. ¿Debe el soldado obedecer ciegamente las órdenes de sus superiores? Explíquese.
3. ¿Estima usted que hay casos en que el soldado puede y debe negarse a cumplir una orden? ¿Qué opina?
4. ¿Debe perder el soldado su personalidad como hombre? ¿Por qué?
5. En caso de guerra, ¿tiene el ciudadano de una nación el derecho a negarse a defender a su patria? Exprese su opinión.

Obedece a su conciencia

Indudablemente el soldado X tiene que seguir su propia conciencia, porque al final, ¿no somos nosotros responsables de nuestras propias acciones? ¿No debemos hacer lo que sea bueno y justo, y rechazar lo malo y lo injusto? Mantengo que cada hombre, como individuo, tiene que decidir por sí mismo, porque si quiere llamarse hombre libre tiene que seguir su propia conciencia, y no la de un político o la de un oficial superior. No deja de ser hombre porque se viste de soldado, del mismo modo que un médico no cesa de ser hombre cuando actúa como médico.

Es incuestionable que la profesión que cada uno de nosotros hayamos elegido no nos quitará la dignidad básica que nos hace hombres. Para mí, un individuo no se entrega a un gobierno para que haga de él lo que quiera. Esto sí que es rendirse, denigrándose al nivel de un instrumento.

¡Cuántas guerras podrían haberse terminado si un pobre y humilde soldado se hubiera atrevido a decirle a su superior que no iría a seguir un mandato, porque bien sabía que era injusto y bárbaro! ¡Cuántas vidas se habrían salvado si en cada guerra hubiera soldados corajudos que dejaran la loca matanza de inocentes víctimas a los pérfidos políticos que trataban de saciar sus ilícitas e infames ambiciones!

Afirmo la nobleza y la dignidad del hombre que no se ve como arma de otro, sino como un ser humano capaz de decidir por sí mismo lo que debe hacer. ¡Qué vivan todos los soldados X, y sus firmes convicciones de lo bueno y lo justo de la vida!

PREGUNTAS

1. Ante cualquier orden, ¿el hombre debe seguir su propia conciencia? Explíquese.
2. El hombre que es soldado, médico, maestro o sacerdote, ¿debe ser más hombre que soldado, médico, etc., o viceversa?
3. Usted, como estudiante, ¿cree que debe ser estudiante antes que hombre?
4. ¿Cree que el soldado X hace bien en desobedecer las órdenes de sus comandantes? ¿Por qué?
5. ¿Qué sucedería en un ejército si las órdenes no se obedecieran?

V·O·C·A·B·U·L·A·R·I·O

alistarse　enrolarse, registrarse

atreverse　osar, decidir hacer algo difícil o peligroso

corajudo　violento, colérico, valiente

de modo que　de manera que

dejar de　omitir, cesar

denigrarse　deshonrarse, difamarse

encabezado　dirigido, acaudillado

entregarse　darse a la voluntad de otro

impedir　poner obstáculo a que algo se haga

patria　país donde uno ha nacido

pérfido　infiel, traidor

rechazar　no aceptar, no admitir

rendirse　no ofrecer resistencia

saciar　satisfacer

sospechoso　dudoso

REPASO GRAMATICAL

44. El infinitivo

Primordialmente, cuando nos referimos al infinitivo, expresamos la forma verbal en su estado abstracto, impersonal, básico. Cuando decimos, por ejemplo, amar, comer, vivir, expresamos una acción sin indicar persona, tiempo o modo. Pero no es ésta la única función gramatical del infinitivo. Además de verbo puede emplearse como nombre o sujeto de una cláusula, como objeto de otro verbo, y como objeto de una preposición. El infinitivo, en cualquiera de sus funciones, va siempre acompañado de otro verbo y regularmente del artículo **él**.

El **deber** de un soldado es **acatar** las órdenes.

El ciudadano debe **defender** a su patria.

Conquistar es la misión de los invasores.

EJERCICIOS

Cambie a la forma del infinitivo el nombre o sujeto en cuestión:

Modelo:　　La **conquista** no fue fácil
　　　　　　Conquistar no fue fácil.

1. **Los gritos** de los prisioneros eran terribles.   2. **El cumplimiento** de las órdenes es primordial.   3. **El rechazo** de lo malo e injusto es un derecho del hombre.   4. **La desobediencia** no está permitida en el ejército.   5. **La elección** de lo bueno o de lo malo está al arbitrio del individuo.   6. En la guerra, **la decisión** de matar al enemigo no es discutible.   7. **La obediencia** a las leyes mantiene el orden de una nación.   8. **La entrega** a un gobierno, sin condiciones, es un acto de cobardía.   9. **La pérdida** de la personalidad se pierde a veces en la guerra.   10. **La responsabilidad** de nuestras acciones es el deber de cada uno.

EJERCICIOS DE VOCABULARIO

A. *Complete con una palabra lógica y correcta.*

1. El soldado está obligado a obedecer a sus_____.
2. La existencia de ejércitos es _____ en todas las _____.
3. La desobediencia no es _____ en las fuerzas armadas.
4. En la _____ la decisión de destruir al _____ es indiscutible.
5. El buen ciudadano debe _____ a su patria.

B. *Complete con su propia idea.*

1. El soldado debe obedecer ciegamente las órdenes de sus superiores, porque _____.
2. En la guerra, el propósito de destruir al enemigo es vital, ya que _____.
3. Los generales casi nunca mueren en la guerra, a menos que_____.
4. Los espías, en la mayoría de los casos, deben ser ejecutados, porque _____.
5. En las guerras modernas es probable que muchas personas civiles mueran, pero _____.

C. *¿Está de acuerdo con las siguientes afirmaciones? Explique sus razones con claridad.*

1. Hay casos en que el soldado debe negarse a cumplir las órdenes de sus superiores.
2. Los miembros de las fuerzas armadas son personas que no tienen criterios propios.
3. Todas las naciones, sin excepción, necesitan tener un ejército.
4. Las guerras, aunque terribles, son necesarias.
5. El ejército más poderoso del mundo es el de China.

DESAFÍO DE PALABRAS

Busque la palabra del segundo grupo que mejor defina o describa las del primero. Tenga en cuenta que en dos casos deberá buscar el opuesto.

alistarse	negarse	disciplina
corajudo	bueno	nobleza
pérfido	libre	mandato
sospechoso	hombre	atreverse
justo	ejecutar	saciar
esclavo *(op.)*	orden	infame
dignidad	valiente	obediencia
satisfacer	correcto	oponerse
matar	decidirse	malo *(op.)*
individuo	enrolarse	dudoso

CAPÍTULO 24

SIDA

▼▼▼

El síndrome de inmunodeficiencia adquirida

¡Qué horror! El mundo entero se encuentra atónito e impotente ante este flagelo, este asesino que se ha arrojado sobre la humanidad y que aniquila sin piedad ni compasión. No discrimina en forma alguna, no cree en las razas, le da igual que sea blanco, negro o amarillo, lo mismo se apodera del pobre que del rico. Ataca tanto al hombre como a la mujer, y los niños son víctimas inocentes de los adultos que les transmiten el virus. En fin, nadie es inmune, toda la humanidad está expuesta.

Y nos preguntamos, ¿cómo surgió esto?, ¿por qué? Hace menos de dos décadas no se conocía. Este virus (dicen que es un virus) ha sido nombrado como virus de inmunodeficiencia humana, y se conoce en todas partes con la sigla HIV. Se manifiesta en un síndrome que, hasta ahora, es una enfermedad fatal. Y lo terrible de esto es que se transmite principalmente a través de las relaciones sexuales, pero también es transmisible cuando la sangre contaminada se expone en contacto con una herida en la piel de la persona. Como dijimos antes, una mujer embarazada con esta enfermedad se la transmite también al hijo que está gestando.

Primero se supo que existía entre los homosexuales y se creyó que todo esto se confinaba a este grupo de personas, Pero rápidamente fue extendiéndose como la mala yerba, y se apoderó de toda la humanidad. A través de las transfusiones de sangre muchos quedaron infectados y las agujas hipodérmicas, usadas por los drogadictos, han sido otro vehículo por el cual se ha transmitido el virus fatal.

Algunos dentistas, con el mortal virus en su sangre, han contaminado a pacientes que acudieron a sus oficinas buscando tratamiento para sus problemas dentales, al igual que algunos médicos durante una operación quirúrgica. En resumen, estamos expuestos en mil formas a este flagelo. Y hasta ahora no hay cura. ¿Qué podemos hacer?

1. ¿Por qué se le llama síndrome a esta mortal enfermedad?
2. En su opinión, ¿por qué ha surgido esta enfermedad que no existía hace años?
3. ¿Qué opina de los tratamientos que se dan a los enfermos de SIDA?
4. ¿Qué medidas aconsejaría para evitar el contagio de SIDA?
5. ¿Cómo actuaría ante una persona con SIDA?

La prevención del SIDA

La prevención del SIDA es, sin dudas, uno de los esfuerzos más grandes y más serios que están llevando a cabo tanto las personas en particular como los grupos, organismos e instituciones en general. El problema es tan grave que preocupa e inquieta a toda la humanidad.

En todos los círculos, en todos los ámbitos donde el hombre se desenvuelve y vive, el SIDA está presente. En el hogar, en la escuela, en el trabajo, en los centros de recreación, en todas partes se habla y se discute este asunto.

¿Cómo evitar o prevenir que usted, sus hijos, sus familiares, sus amigos, sean contagiados? Ya hemos dicho que el medio principal de transmisión son las relaciones sexuales. Entonces, el control de esta actividad o función es esencial. Los medios y formas de controlarla son variados y conocidos; el problema es que muchos no aplican las necesarias restricciones y sucumben ante sus propias debilidades.

Las otras vías de contaminación son más fáciles de controlar. En casos de transfusiones de sangre se debe tener la seguridad que ésta no contenga el virus fatal. Al visitar al dentista o cualquier otra persona que nos dé un servicio directo en alguna parte de nuestro cuerpo, debemos tener la certeza y la seguridad de que ninguna de estas personas tenga en su organismo el virus de inmunodeficiencia humana.

Debemos informarnos a través de todos los medios de comunicación como son la televisión, la radio, los periódicos, las revistas y los libros para evitar que este monstruo continúe eliminándonos.

PREGUNTAS

1. ¿Qué opina usted sobre las medidas de prevención del SIDA?
2. ¿Conoce a alguien que haya muerto de este síndrome? Si es así, ¿qué efectos produjo en usted esta muerte?
3. ¿Podría decirnos algo sobre las medidas que usted toma para evitar ser contagiado por el SIDA?
4. ¿Cuál es su opinión de la educación sexual en las escuelas en relación con este asunto?
5. ¿Conoce a alguna víctima que haya sido contagiada por un dentista o un médico? Describa algo del caso.

En busca de una cura del SIDA

Millones de dólares se invierten en la búsqueda de un medicamento o procedimiento para lograr la cura de este terrible mal.

La ciencia médica, a pesar de todos los esfuerzos y adelantos que ha logrado, parece que conoce poco del mundo de los virus. Todos los llamados síndromes son producto de algún virus, y en su mayoría son incurables. No se descubren ni siquiera medicinas para destruir los virus que ocasionan un simple catarro o resfriado. Afortunadamente el organismo humano, a través de sus propias defensas, triunfa sobre estos virus y los neutraliza. Lamentablemente, esto no ocurre con el HIV.

¿Se logrará descubrir un medicamento que cure esta misteriosa y terrible enfermedad? Seamos optimistas y esperemos que pronto el hombre, con su poder de investigación y sus estudios, logre lo que tanto ansiamos.

PREGUNTAS

1. ¿Qué opinión tiene usted de los intentos para encontrar una cura del SIDA?
2. ¿Qué conoce acerca de los virus?
3. ¿En qué consiste la inmunidad o sistema inmunológico del cuerpo humano?
4. ¿Cuál es el último descubrimiento para la cura del SIDA?
5. ¿Por qué es tan difícil encontrar un remedio o cura para esta enfermedad?

V·O·C·A·B·U·L·A·R·I·O

adelanto   progreso

ahínco   esfuerzo, diligencia

aniquilar   exterminar

apoderarse   hacerse dueño o propietario de una cosa, tomar algo

arrojarse   abalanzarse, tirarse con fuerza

asustado   temeroso, con miedo, miedoso

atónito   sorprendido, callado por la sorpresa

azote *(fig.)*   calamidad

certeza   conocimiento seguro

confinar   limitar

debilidad   falta de vigor o fuerza

esperanza   confianza de obtener una cosa

filo   borde de un instrumento cortante

flagelo *(fig.)*   calamidad

herida   rotura en la carne o epidermis

inquieto   no tranquilo

inquietud   falta de tranquilidad, de reposo

lograr   obtener

piel   epidermis

sucumbir   ceder, morir, perecer

surgir   aparecer, brotar

vía   camino, modo de ejecutar una cosa

REPASO GRAMATICAL

45. Uso del infinitivo después de una preposición

En español, cuando una forma verbal es objeto de una preposición, se usa la forma del **infinitivo**.

> Los científicos trabajan **para encontrar** la cura del SIDA.
>
> No se ha descubierto la manera **de neutralizar** el virus.

EJERCICIOS ━━━

Conteste las siguientes preguntas según el modelo.

> Modelo: ¿Por qué luchan los científicos? (cura)
> Los científicos luchan **por hallar** una cura para el SIDA.

1. ¿De qué está ansioso el hombre? (investigación)   **2.** ¿Qué puede hacerse para evitar el contagio?   **3.** ¿Qué remedio existe en estos momento para aliviar el SIDA?   **4.** ¿Para qué se usan los profilácticos en las relaciones sexuales? (contagio)

EJERCICIOS DE VOCABULARIO

A. Complete con una palabra lógica y correcta.

1. La enfermedad del SIDA es producida por un _____.
2. Las primeras personas contagiadas por este virus fueron los _____.
3. Hasta ahora no se ha descubierto el _____ para la _____ del SIDA.
4. Los científicos trabajan muy _____ para descubrir un _____ para combatir esta enfermedad.
5. En español, la sigla HIV se traduce con la frase _____.

B. Complete con su propia idea.

1. El Síndrome de Inmunodeficiencia Adquirida (SIDA) es mortal porque _____.
2. El resfriado o catarro común es resistente a cualquier medicina debido a que _____.
3. Debemos ser muy cuidadosos en las relaciones sexuales porque _____.
4. Las enfermedades producidas por un virus son muy peligrosas debido a que _____.
5. A pesar de los esfuerzos de los científicos, hasta ahora no se ha descubierto _____.

C. ¿Está de acuerdo con las siguientes afirmaciones? Explique sus razones con claridad.

1. La enfermedad del SIDA no ataca a las personas prudentes.
2. Es imposible la transmisión del SIDA a través del beso.
3. La enfermedad del SIDA es tan mala como el cáncer.
4. Aunque pueden verse a través de un microscopio ordinario, los virus son muy difíciles de controlar.
5. Estados Unidos es la nación donde hay más enfermos de SIDA.

DESAFÍO DE PALABRAS ──────────────────

Busque la palabra del segundo grupo que mejor defina o describa las del primero.

confinar	sucumbir	salvación
surgir	temeroso	aniquilar
perplejo	apoderar	transmitir
contaminado	fatal	morir
trascendente	certeza	búsqueda
ahínco	catarro	triunfar

perecer	rescate	fallecer
pasar	investigación	exterminar
diligencia	resfriado	importante
mortal	seguridad	conquistar
miedoso	limitar	brotar
sucio	ganar	confuso

A

a bordo   on board
a consecuencia de   because of, as a consequence of
a continuación   below, in continuation, following
a despecho de   in spite of
a diario   daily
a fin de   in order to
a juicio de   in the judgment of
a la vista   at sight
a la cabeza   at the head, in the lead
a medida que   as
a menudo   often
a pesar de   in spite of
a su vez   at the same time
a través de   through, by
a veces   at times, sometimes
abarcar   to comprise
abatir   to knock down
abiertamente   openly
abismo   abyss
abogado   lawyer
abogar   to defend
abolir   to abolish
abordar   to go aboard
abrazar   to embrace
abstenerse   to abstain
aburrir   to bore
acabar   to end
acariciado   caressed
acarrear   to cause
acatamiento   respect
acatar   to respect
acaudillado   led, headed
acechar   to spy on
aceite (el)   oil
acera   sidewalk

acercamiento   rapprochement, reestablishment of good relations
acercarse   to approach
acero   steel
acertado   proper, wise
acomodado   comfortable, rich
aconsejar   to advise, counsel
acontecimiento   event
acorazado   warship
acordarse (de) (ue)   to remember
acudir   to arrive
acusado   sued, accused
adecuado   adequate
adelanto   advancement
además de   besides, moreover
adentrar   to penetrate
adinerado   wealthy
adivinar   to guess
adquirir (ie)   to acquire
aduana   customs house
advertir (ie, i)   to warn
afán (el)   anxiety
afanar   to toil
afecto   love, affection
aficionado   fan
afligir   to afflict
afrontar   to face, confront
afueras (las)   outskirts
agarrar   to grab, catch
agazaparse   to hide oneself, crouch
agobiar   to oppress
agradar   to please
agrario   agrarian
agredido   victim of an attack
agregar   to add
agrícola   agricultural
aguantar   to tolerate, put up with
agudizar   to become more evident

aguijón (el) spur, goad
ahogar to suffocate
ahorcamiento hanging
ahorro savings
aire libre outdoors
ajedrez (el) chess
ajeno foreign
ajustar to adjust
ajusticiar to execute
al menos at least
ala (el) (las alas) wing
alabanza praise
alabar to praise, exalt
alarde (el) ostentation
albor (el) dawn, beginning
alcance (el) reach, within reach
alcanzar to attain, reach
aldea town, village
alegar to allege
alevosía betrayal
álgido icy
aliento breath
alimaña animal of small prey, such as a fox
alimento food, nutrition
alterado disturbed, changed
altura height
alumbrar to light up
alunizaje (el) lunar landing
ama (el) (las amas) maid
ama de casa housewife
amargo bitter
ambiente (el) atmosphere, air, environment
ambos (as) both
amenaza threat
amenazar to threaten
ameno pleasant, nice
amordazar to silence
amorfo amorphous, formless
ampliar to widen
amplio extensive, wide
amplitud (la) width
anárquico anarchical
anchuroso extensive

anciana old woman
anhelar to long for
anillo ring
aniquilar to annihilate
ansia anxiety
ansiado longed for
ansiar to be anxious
ansiedad (la) anxiety
ansioso eager
ante before, in the presence of
anteponer to put before
anterior previous
antes (de) que before
antojar to take a fancy to
anular to annul, cancel
anuncio advertisement
añadir to add
año luz light year
apacible peaceful
apartado remote, isolated
aparte de aside from
apenarse to grieve, to feel sorry for
apenas hardly
aplicar to apply
apócope (la) shortening, apocope
apogeo apogee, height
aportación (la) something brought, contribution, addition
apoyar to support, favor, help
apoyo support
aprehender to apprehend
apreciar to appreciate
aprestar to make ready
apretar (ie) to tighten
apropiado appropriate
aprovechado taken advantaged of
apuesto elegant, good looking
apuntar to aim
apurar to rush
árbitro arbitrator, umpire
ardid (el) cunning strategy
ardiente burning, ardent

ardor (el)   ardor, heat
arpa (el) (las arpas)   harp
arrasar   to raze, demolish
arrebatar   to snatch
arrebato   rapture
arremeter   to attack
arrepentirse (ie) (i)   to repent
arribar   to arrive
arriesgar   to risk
arrojar   to throw, drop (a bomb)
arrugas (las)   wrinkles, creases
arruinar   to ruin
ascendencia   descent, origin
ascendiente (el)   ancestor
asegurar   to assure
asesinato   assassination
asesino   killer
aseverar   to affirm
así que   as soon as, therefore
asiento   seat
asimismo   likewise
asistir   to be present, attend
asociarse con   to associate with
asombrar   to astonish
asombro   astonishment, wonder
aspirar   to aspire to
astro   star
astucia   astuteness, cleverness
asumir   to assume, take over
atacante   attacker
ataque (el)   attack
atar   to tie, bind
atender (ie)   to pay attention to, attend to
atentado   crime, transgression, attempt on a life
aterrizar   to land
atesorar   to treasure
atónito   aghast
atracar   to make shore *(naut.)*
atraer   to attract
atreverse a   to dare to
atrevido   daring, bold
audazmente   boldly

augurar   to augur, foretell
aumentar   to increase
aun   even
aún   still, yet, nevertheless
aunar   to join
autopista   freeway
avaro   greedy
averiguar   to ascertain, find out
avión-cohete (el)   rocketship
avión de bombardeo (el)   bomber
aviso   warning, notice
ayuda   help
ayudar   to help
azotar   to whip

B

bahía   bay
bailar   to dance
bailarín(a)   dancer, ballet dancer
baja (la)   reduction or decrease
bajo techo   indoors
baldío   useless
banderilla   small dart
banderillero   one who places the banderilla
baraja   deck of cards
barandilla   railing
barbudo   bearded man
barco   boat
barraca   hut, shack
barrera   barrier, fence
barril (el)   barrel
bastar   to be enough, suffice
basura   garbage
bateador   batter (in baseball)
belleza   beauty
beneficencia   charity
beneficiar   to benefit
besar   to kiss
bienes (los)   goods
bienestar (el)   well-being
bienvenida   welcome

blanco   target, bulls-eye
bodas   wedding celebration
bodas de plata   silver wedding anniversary
bolear   to bowl
boleo   bowling
boleto   ticket
bomba   pump, bomb
bondad (la)   kindness, goodness
bondadoso   kind, good
bravo   ferocious, mad
brazo   arm
brindar   to give, offer, present
brusquedad (la)   rudeness
bujía   spark plug
buque (el)   ship, boat
buque de pasajeros   passenger ship
burla   joke, trick
burlarse de   to make fun of
buscador   searcher
búsqueda   search

C

cabalgar   to ride a horse
caber   to fit in
cadena   chain
caída   fall
calamidad (la)   calamity
calcinar   to calcine, heat
calculador   one who calculates; calculator
cálculo   calculation, calculus
calefacción (la)   heat
calentar (ie)   to warm, heat
calificar   to judge, rate, grade
calificativo   qualifying, describing
callado   quiet
cámara de gas   gas chamber
camarote (el)   stateroom
cambiar   to change
camilla   stretcher
camino   road, path
campaña   campaign
campeonato   championship

campestre   country, rural
campo   country, field
canal (el)   channel, canal
candente   much discussed, hot
cañón (el)   canyon
caos (el)   chaos
capital (el)   capital, funds
capricho   whim
¡caracoles!   wow!
cárcel (la)   jail
carecer   to lack, not have
careta   mask
carga (de)   of burden
cargamento   cargo, load
cargo   burden, accusation, charge
carretera   highway
cartucho   cartridge, bag
cáscara   skin, peeling of a fruit
castañuelas   castanets
castigar   to punish
castigo   punishment
casualidad (la)   chance, accident
cataclismo   cataclysm, catastrophe
catarro   cold
caudillo   leader
caza   hunt, hunting
cazador   hunter
cazuela   crock
cebolla   onion
ceniza   ash
cercano   nearby
cerebro   brain
cerrar (ie)   to close, shut
certamen (el)   contest
certeza   certainly
cerveza   beer
chantaje (el)   blackmail
charlar   to chat, converse
chispa   spark
chiste (el)   joke
ciegamente   blindly
ciego   blind
cielo   heaven, sky
ciencia   science

cifra   number, cipher
cimiento   foundation
cirugía   surgery
cirujano   surgeon
ciudadanía   citizenship
ciudadano   citizen
claustro materno   womb
cláusula   clause
clave (la)   clue, key, hint
clima (el)   climate
coaccionar   to force
cobardía   cowardice
codicia   greed
cohete (el)   rocket
colega (el, la)   colleague
colérico   angry
colgar (ue)   to hang
colina   hill
colmo   very best, top, most bearable
colocar   to place, put
color de rosa   rose colored
coloso   colossus
cometido   task
comodidades (las)   comforts
comparecencia   court appearance
compartir   to share, divide
compasivo   compassionate
compendio   résumé, review, compendium
competencia   competition, competence
complacer   to please
complejo   complex
componente (el)   part, component
componer   to make up, compose
comportarse   to behave oneself
comprador   buyer
compromiso   compromise
comúnmente   commonly
con vista de   with the purpose of
concebir (i)   to conceive
concernir (ie, i)   to concern
concha   shell
concordar (ue)   to agree

condado   earldom, county
condenar   to condemn
conducir   to drive, lead
confiar en   to confide in, trust
confort (el)   comfort, convenience
confrontar   to confront
conjugar   to conjugate
conjuntamente   in all, all together
conjunto musical   musical group
conmutar   to exchange
consecuentemente   consequently
conseguir (i)   to get, attain
consejo   advice
contabilidad (la)   accounting
contar (ue)   con to count on
contenerse   to contain oneself
contenido   contained, contents
contentar   to satisfy
contienda   contest, match
contradecir   to contradict
contraer   to contract
contrarrestrar   to resist, oppose
contrato   contract
controvertible   disputable, controversial
convenir   to agree, to be good for, to be convenient
conversión (la)   change, conversion
convivencia   living together
coraje (el)   courage
corbata   neck tie
cornetín (el)   cornet
corregir (i)   to correct
corrida de toros   bull fight
corriente   current, normal
costilla   rib
creador   creator, creative
crear   to create
crecer   to grow
crecido   grown
creencia   belief, creed
creyente (el)   believer

criar to raise, educate
criatura creature
criterio criterion, standard
crucero cruiser
crudo raw
cualidad (la) quality
cuán how
cubierta deck, cover
cuchillada knife wound
cuello collar, neck
cuentista short story writer, story teller
cuerda cord, string
cuerdo sane, normal
cuerno horn (of an animal)
cuerpo body
cuestión (la) matter, affair
cueva cave
cuidado care
culminar to culminate, end
culpable guilty
culpar to blame
culto cultured
cumbre (la) top, peak
cumplimiento fulfillment
cumplir to fulfill, obey
cumplir los x años to reach x years
cúmulo accumulation
cursar to study
cuyo whose

D

dadivoso bountiful
daño damage
dañoso damaging
dar a luz to give birth
dar lugar a to give rise to
dar origen to give origin to
dar un paso to take a step
darse cuenta de to realize, be aware of
dato data, fact
de acuerdo con in agreement with

de ahí therefore, hence
de etiqueta formal
de guardia on duty
de prisa hurriedly
de provecho worthwhile, useful
de repente suddenly
de veras really, truly
de vez en cuando every so often
debacle (la) debacle
deber (el) duty
debidamente duly
débil weak
debilitar to weaken
decadencia decadence
decenio decade, ten years
declarar to testify, give testimony
dejar to let, permit
deleite (el) pleasure, delight
delicadeza delicateness, lightness
delicia delight
delictivo criminal, guilty
delito crime
demás (los, las) others
dentro de inside of
derecha the right (politically speaking)
derecho law, right
derogar to abolish, derogate
derribar to overthrow, knock down
derrocamiento overthrow
derrota defeat
derrotar to defeat
desahogado relieved
desamparado forsaken
desarrollar to develop
desarrollo development
desastre (el) disaster
desatracar to cast off
desayunarse to eat breakfast
descanso rest
descargar to unload

descenso   landing, descending
descuido   omission, oversight
desembocar   to flow into, end in
desempeñar   to fulfill, carry out a duty
desempleo   unemployment
desenchufar   to disconnect, unplug
desenvolver (ue)   to unfold, develop
desenvolvimiento   unfolding, development
desfilar   to parade, march
desgracia   misfortune
designio   design
desigual   unequal
desintegrar   to disintegrate
deslizar   to slide
desmán (el)   excess
desmayado   fainted, unconscious
desmayarse   to faint
desmedido   excessive
desolador   wasted, ruined
despavorido   terrified
despegar   to take off, leave
despejado   clear
despiadado   unmerciful
desplegar   to display
despreciable   despicable
despreocuparse   to relax, not worry
después de que   after
destino   fate, destiny
destreza   skill, dexterity
destrozar   destroy
dicha   happiness
dictadura   dictatorship
diestro   able, skillful
difunto   deceased
dirigir   to direct
discordia   discord
discrepancia   discrepancy
disentir (ie, i)   to disagree, dissent
diseñar   to design

disfrutar   to enjoy
disímil   dissimilar, different
disminuir   to diminish, lessen
disociable   separated
disparar   to shoot
disparo   shot
disponer   to arrange
disponerse de   to have at one's disposal
disponible   available
dispositivo   device
diverso   diverse, different
divertirse (ie, i)   to enjoy oneself, have a good time
divisar   to perceive indistinctly
doblar   to fold
dolor (el)   pain
don (el)   talent, gift
dotar   to endow
dote (el)   gift, talent, quality
duro   hard, tough

E

echar a pique   to sink, send to the bottom
economía   economy, economic base
eficaz   effective
ejecución (la)   execution carried out
ejecutar   to carry out
ejecutivo   executive
ejemplar   model, exemplary
ejercer   to practice
ejército   army
elegido   chosen
elegir (i)   to elect, choose
elevar   to lift, elevate
embarcar   to embark
embullado   excited, enthused
empeñarse   to insist, persist, try
emplazar   to place
empresa   enterprise
empresario   manager of an enterprise

empujar   to push
en contra de   against
en cuanto   as soon as, as for
en definitiva   in short
en fin de cuentas   after all, in
   conclusion
en suma   in short, in summation
en vez de   instead of
en virtud de   by virtue of
enamorado   loved one, lover
encaminado   directed to
encanto   enchantment, charm
encarcelamiento   jail stay, dura-
   tion of a criminal
   sentence in jail
encargado   person in charge
encargar   to entrust
encargarse de   to take charge of
encendido   ignited
encerrar (ie)   to lock up, to close
enclenque   weak
encoger   to shrink
enderezar   to straighten out
enfadarse   to get angry
enfatizar   to emphasize
enfermedad (la)   illness, disease
enfermera   nurse
enfocar   to focus
enfrascado   completely
   absorbed in
enfrentar   to face
enfriar   to make cold
enfurecido   furious
engañador   cheater
engañar   to cheat, deceive
engaño   trick, deceit
enlazado   tied up, bound
enlazar   to lace, lasso
enredado   trapped, caught in a net
enriquecer   to enrich
enrolarse   to enroll in
ensañamiento   sadistic fury
ensayista (el, la)   essayist
ensordecedor   deafening
ensuciar   to make dirty

ensueño   dream
ente (el)   being
enterar   to inform
enterarse de   to find out about
entregar   to give, hand in
entuerto   injustice
envase (el)   container
envenenar   to poison
envidiar   to envy
envolver (ue)   to involve, wrap
equidistante   equidistant
equilibrio   stability, equilibrium
equipaje (el)   baggage
equipo   team
equitación (la)   horsemanship
equivaler   to equate
equivocarse   to be mistaken, err
erradicar   to wipe out, erase
esbozar   to sketch
escalar   to scale
escalofrío   chill, shiver, a cold
   sweat
escaparate (el)   display window
escasez (la)   scarcity
escaso   scarce
escena   scene
esclavo   slave
esconder   to hide
escopeta   shotgun
escultura   sculpture
esmeralda   emerald
espacial *(adj.)*   space
espada   sword
espanto   fright
esperanza   hope
esposas (las)   handcuffs
esquema (el)   scheme, plan
esquiar   to ski
estación (la)   season
estadio   stadium
estadista (el)   statesman
estallar   to break out, explode
estante (el)   shelf
estar a bien   to be well, all right,
   to be on good terms

estar de acuerdo con to agree with
estar de guardia to be on duty, guard
estar dispuesto to be ready, be willing
estar equivocado to be mistaken
estatal *(adj.)* of or pertaining to the state
estatura stature, height
estético aesthetic
estimar to consider, estimate
estocada sword thrust
estorbar to disturb
estrellado starry
evitar to avoid, evade
excitación (la) excitement
excitante exciting
exigir to demand
éxito success
experimentar to try, sample
explotación (la) exploitation
exponer to expose
expuesto (lo) the aforementioned, the one before
extraño strange, foreign
extremadamente extremely

F

fabricar to build, fabricate
facineroso criminal
falta lack
familiar (el) member of the family
fantasma (el) ghost, specter
faz (la) face
fe (la) faith
fealdad (la) ugliness
fechoría crime
fecundar to fertilize, to conceive
felicitar to congratulate, wish well
feo ugly
feroz ferocious
ferrocarril (el) railroad
fiar to trust

fiero fierce
figurado figurative, the thing agreed upon
fijar to fix, stabilize
fijarse to take notice of
fila row, line
fiscal (el) district attorney
fisonomía physiognomy, appearance
flagelo scourge
flaqueza weakness
flauta flute
fondos (los) funds
forjar to forge
fortaleza fortress, strength
forzosamente by force
fracasar to fail
fracaso failure
fracturar to break, fracture
frenos (los) brakes
fuente (la) fountain, source; platter
fundamento foundation
funesto dismal, sad
fusilamiento execution by shooting
fusilar to shoot
fútbol soccer

G

gama gamut
ganancia profit, winning
garantizador that which guarantees
garantizar to guarantee
gastado worn, wasted
gastar to waste, spend
gato cat; jack of an auto
género type, gender
genio genius
genocidio genocide
gentilicio national
gerencia management
girar to turn, rotate
golpear to hit, beat

goma   rubber, paste
gozar   to enjoy
gozo   joy
gozoso   enjoyable
grado   degree
grasa   grease, oil
grasoso   greasy, oily
grato   pleasant
gravitar   to gravitate
gritar   to shout, yell
guardar   to keep, watch

H

haber   to have (aux. *verb*)
haber de...   to have to, must
hacer alarde   to show off
hacer falta   to be lacking
hacer un viaje   to take a trip
halar   to tow, pull
hambriento   hungry
hasta que   until
he aquí   here is
hecho   fact
hembra   female (biological term)
heredar   inherit
herencia   inheritance
herida   wound
herido   wounded
herir (ie, i)   to wound, hurt
hogar (el)   home
hoguera   blaze
hoja   leaf
homicida (el, la)   murderer
homicidio   murder, homicide
hondo   deep
hongo   mushroom
huelga   strike
humeante   having the quality
  of, or immersed in smoke

I

idioma (el)   language
ignominiosamente
  ignominiously
ilusorio   illusory

imagen (la)   image
impartir   to give off, impart
impasible   impassive
impedir (i)   to impede, hold back
ímpetu (el)   impulse, impetus
imponer   to impose
imponerse   to assert oneself
imprescindible   imperative
impulsar   to impel, prompt
impune   unpunished
imputar   to impute, attribute
inalcanzable   unattainable
incansable   unable to tire
incendio   fire
incitar   to incite
inclusive   including
inconmensurable
  incommensurable
incontable   innumerable
incontenible   uncontrollable
incremento (el)   increase
indicar   to indicate, show
índole (la)   class, kind
indulto   pardon
ineludible   inevitable
infidelidad (la)   infidelity
infiel   unfaithful
infierno   hell
infligir   to impose
infortunio   misfortune
ingerir (ie, i)   to introduce,
  insert
ingrato   ungrateful
ingresar   to register, to sign up,
  to enter
iniciar   to begin
innato   innate
insensato   insane, insensate
insuperable   insurmountable,
  unbeatable
integrar   to integrate, compose
interferir (ie, i)   to interfere
interponer   to interpose, place
  between
intrepidez (la)   intrepidness

inundación (la) flood
invernal *(adj.)* winter
invertido homosexual
invertir (ie, i) to invest
inviolable inviolable
invocar to invoke
irrazonable unreasonable
izquierda left
izquierdista (el, la) leftist
(political term)

J

jalar to tow, pull
jamás never
jocoso humorous
jugo juice
juicio trial, judgment
jurado jury
jurar to swear
jurídico legal

L

labios (los) lips
ladino crafty
ladrillo brick
ladrón (el) thief
laico layman, worldly, secular
lanzador pitcher
lanzamiento pitch, throw
lanzar to throw, pitch
lata can
latido beat (of heart)
latir to beat
latón (el) large can
lavadora washing machine
lazo link
lectura reading
legumbre (la) legume, vegetable
lejano distant
lema (el) saying, motto
lenguaje (el) language
lento low
lesión (la) injury, lesion
lesionar to damage, wound, injure

letra letter (of alphabet), lyric
(of a song)
letrero sign
libelo libel
libertinaje (el) licentiousness
libremente freely
lícito lawful
líos problems
liquidar to liquidate, end
literato writer
llamativo attractive, showy
llano plane, level, flat
llanta tire
llegar (el) arrival, arrive
llegar a ser to become
llevar a cabo to carry out
llorar to cry
llover (ue) to rain
lluvia rain, rainfall
locomoción (la) locomotion, movement
locutor (el) announcer, speaker
lograr to attain, reach
lucha fight
lucha libre wrestling
luchar to fight
lujo luxury
lujoso luxurious
luz (la) light

M

madera wood
madre patria motherland
madrileño native of Madrid
maestría mastery
majestuoso majestic
mal (el) evil, wrong
maldad (la) evil act
maleante rogue
malhechor malefactor, rogue, evil-doer
malvado evil person
manga sleeve
maniobra handiwork
manso tame, gentle

maravilla   marvel, wonder
maravillarse   to wonder at
marcharse   to leave
marea   tide
margen (el)   margin, edge
masa   mass, group
máscara   mask, disguise
matador   killer; bull-fighter
matanza   killing
materia prima   raw material
máximo   highest, greatest
mayúscula   capital letter
medianamente   half, so-so,
   satisfactorily, average
mediano   middle
mediante   by means of
médico de guardia   doctor on
   duty
medida   measure, size
medio   average (after a noun)
medio ambiente   environment
meditar   to meditate
mejorar   to improve
menester   necessary
menor   minor
menoscabo   detriment, damage
mente (la)   mind
mentir (ie, i)   to lie, deceive
mentira   lie, deceit
mentiroso   liar
mercancía   merchandise
mercantil   mercantile
merecer   to deserve, merit
meta   goal, aim
metralleta   automatic gun, such
   as a machine gun
mezcla   mixture
miedo   fear
minúsculo   very little
mitad (la)   half
moderador   moderating,
   moderator
modificar   to modify, change
molde (el)   mold
moldeado   molded

moldear   to mold
molestar   to bother, annoy
montón (el)   a lot, many
morbosidad (la)   morbidness
morboso   morbid
morder (ue)   to bite
moreno   brown, brown skinned
mortífero   fatal
mostrar (ue)   to show
motor   mover, motor
muchedumbre (la)   crowd
mudarse   to move, change
   residence
muebles (los)   furniture
muelle (el)   dock; spring (metal)
múltiple   multiple, complex
muro   wall, wall painting

N

nacer   to be born
nacimiento   birth
naipe (el)   playing card
nave (la)   ship
navegar   to navigate
negar (ie)   to deny, negate
nevar (ie)   to snow
nexo   bond
ni siquiera   not even
niebla   fog
nieto   grandson
nivel (el)   level
nocivo   harmful, noxious
nórdico   of the north
norma   standard, norm
novillero   one who tends the
   herd, novice bullfighter
novio   boy friend
nube (la)   cloud

O

obra   work
obrero   worker
obtener   to get, obtain
ocultar   to hide
odio   hate, hatred

oído ear
ojalá I hope that, would that, I wish
ola wave
oleaje (el) succession of waves
olvido forgetfulness
operar to operate
opinar to have an opinion
oprimir to oppress
optar por to choose
opulencia opulence
oración (la) sentence (*gr.*)
orbe (el) sphere, earth, orb
ordenado ordinate, methodical, in order
organismo organism, organization
orgullo pride
orgulloso proud
oriental eastern, oriental
osar to dare to
oscurecer to darken

P

pa' apocope of *para*
pa' su escopeta get your gun! never give up!
padecer to suffer from
palanca lever, bar
pandereta tambourine
pantalones (los) pants
paños calientes (los) ineffective remedy
papas potatoes
papel (el) paper, role in a drama
paradoja paradox
parar to stop, halt
parecer to seem or be like, seem to
parecido likeness, likened to
pareja pair, couple
paria pariah, outcast
pariente (el) relative, relation
parroquiano customer, client

partidario fan, follower, believer, supporter
partido party, group, game
pasatiempo hobby, pastime
pase (el) pass (bullfight)
pasear to take a ride or walk
paso pace, pass
pata foot, paw of an animal
patear to kick
patente patent, evident
patín (el) skate
patinar to skate
patria country, homeland
patrocinado client, patronage
patrón (el) pattern (as of a dress)
payaso clown
peatón (el) pedestrian
pedazo piece, part
pedir (i) to ask for, request
pedrada throw of a stone
pelea fight, quarrel
pelear to fight
película film, movie
peligro danger
pelo hair
pelota ball
pelota de mano handball
pelotón de fusilamiento firing squad
pena de muerte capital punishment
penado punished
penas troubles
penuria indigence
peñón (el) rock, cliff
pequeñez (la) smallness, pettiness
pequeño (el) little one
perdurar to persist, keep on
perfeccionar to perfect
periódico daily, newspaper
periodista (el, la) journalist
periferia periphery
perjudicar to hurt, damage
perjudicial harmful
permanecer to remain

pertenecer   to belong to, be a part of

pesadilla   nightmare

pesar   to weigh

pesca   fishing

peso   weight, dollar

picador   horseman in bullfight who applies darts

piedra   stone, rock

piel (la)   skin, hide

piernas (las)   legs

pieza   piece, song

pieza musical   musical piece, song

píldora   pill

pillaje (el)   plunder

pillo   rogue, thief

pintura   painting, paint

pisada   footstep

pisar   to step

piscina de natación   swimming pool

pista   track, runway

placer (el)   pleasure

plaga   plague

plagar   to plague

platillos (los)   cymbals

playa   beach

plenitud (la)   fullness, plenitude

plomo   lead *(min.)*

poblar (ue)   to populate

pobreza   poverty

poderío   power

pomo   flask

poner de manifiesto   to make public

poner fin a   to put a stop to

poner por caso   to cite

por ciento   percent

por el contrario   on the contrary, on the other hand

por encima de   regardless of, beyond comprehension or grasp, not aware of

por entero   completely

por parte de   on the part of

por su cuenta   by oneself, alone

portaaviones (el)   aircraft carrier

portar   to carry, have

portentoso   prodigious

poseer   to possess

posterioridad (la)   posteriority, state of coming later

postulado   postulate

potencia   power

prado   meadow

precavido   cautious

preciado   prized

precipicio   precipice,

premio   prize

preponderante   prevailing preponderant

presenciar   to witness, attend

presión (la)   pressure

preso   prisoner

prestar   to lend

presupuesto   budget

pretérito perfecto   present perfect

prevalecer   to prevail

prevenir   to foresee

primo   cousin

primordial   fundamental, essential

principio   beginning, principle

procedimiento   procedure

procesal   pertaining to a lawsuit

proceso   case, trial

procrear   to procreate

prodigio   prodigy, marvel

prodigioso   prodigious, marvelous

proeza   prowess, feat

progenitor   ancestor; biological parent

prójimo   neighbor

proletario   proletariat, working class

promedio   average

propender   to tend

proponer   to propose

proporcionar   to proportion, adjust

propósito   purpose

proseguir (i)   to pursue, continue

proverbio   saying, proverb

provocar to provoke
proyectar to project
prueba proof
puente (el) bridge
puesta del sol sunset
puesto que since
pulseras de hierro handcuffs,
  bracelets of iron
punible guilty
puntería marksmanship
punto de vista point of view

Q

quebrar (ie) to break, go
  bankrupt
quedar embarazada to become
  pregnant
quehacer (el) task, job, work
queja complaint
quijotesco quixotic, idealistic
química chemistry
quirúrgico surgical
quitar to take away from

R

raciocinio reasoning
radicar to have root in, to lean
  or gravitate towards
raíz (la) root
rama branch
rascacielos (el) skyscraper
rasgo feature, characteristic
razonar to reason, give reason
reacción en cadena (la) chain
  reaction
realmente really
reanudar to begin again
rebatir to beat, repel, refute
rebelde (el, la) rebel
rebeldía rebelliousness
recaudar to collect, gather
recitar to recite
reclamación (la) complaint,
  claim

reclamar to claim, complain
recobrar to recover
reconocimiento recognition
¡recórcholis! wow!
recorrer to travel over, pass
  over (for a particular reason)
recorrido a space traveled
recuerdo memory, reminder
recurso recourse
redactar to edit
redundar to result in
reemplazar to replace
reflejo reflection
reflexionar to reflect, think over
régimen (el) regime
regir (i) to rule
regla rule
regresar to come back, return
rehusar to refuse
reivindicación (la) recovery
relacionar to relate
relampaguear action of
  lightning, flash
relatar to relate
reloj (el) wrist watch, clock
remedio remedy, way
remolcador (el) tugboat
remontar to rise, to remount
renacer to be reborn
rendirse (i) to surrender
reñir (i) to argue
reo criminal
repleto very full, replete
requerir (ie) to require
requisito requirement
rescate (el) ransom
resfriado cold (illness)
restante left, other, left over
restos (los) remains
restringir to restrain
retar to dare
retirarse to withdraw, retire
retropropulsor (el) jet
reunir to gather, unite
revista magazine
rezar to pray

riesgo risk
rigor (el) rigor, severity
rincón (el) corner of a room
riña quarrel
riqueza riches
risa laughter
robo robbery
rodeado surrounded
rodear to surround
rodilla knee
romper to break, tear
rubio blond
rueda wheel
ruido noise
rumbo a on the way to

S

sabiamente wisely
sabiduría wisdom
sabio wise
sabroso delicious, pleasant
sacerdote (el) priest
sagrado sacred
salida exit, outlet
salvaje savage, wild
salvar to save
salvo safe, except
sanción (la) sanction
sangre (la) blood
sangriento bloody
sano healthy
sano y salvo safe and sound
saqueo sacking
saya skirt
sazón (la) seasoning, condiments
secuestrar to kidnap
secuestro kidnapping
sede (la) seat (of power)
seguir (i) to follow, continue
seguridad (la) security
selva forest, jungle
semejante (el) fellow creature; *(adj.)* alike

semilla seed, pit, stone (of a fruit)
senado senate
sencillez (la) simplicity
sensatamente sanely, with common sense
señal (la) sign, signal
señalado marked
sequedad (la) dryness, drought
ser (el) being
serio serious
siglo century
simpatizar to sympathize
simplificar to simplify
sin cuento countless
sin embargo nevertheless
sin que without
sino but
sinrazón (la) wrong, injury
sismo earthquake
situar to place, put
soberbia pride, arrogance
soborno bribe
sobrar to exceed
sobresalir to stand out, be outstanding
sobrevivir to survive
sodomita homosexual, sodomite
sofocar to choke
soleado sunny
soltero bachelor
sombra shadow, shade
sonido sound
soñar (ue) con to dream of
sostener to maintain, sustain
súbdito subject
subsistir to subsist
subvertir (ie, i) to subvert
suceder to happen
sucedidos events, results
sudor (el) sweat, perspiration
sufrimiento suffering
sugerir (ie, i) to suggest
sujetar to subject
sujeto subject
superar to exceed
superdotado gifted

supremacía supremacy
suprimido omitted, suppressed
suprimir to suppress, omit
supuesto supposition
surcar to plow through
surgir to arise, come forth, to
  happen
sustancia, substancia substance
sustituir to substitute

T

tacto tact, sense of touch
tamaño size
tambor (el) drum
tan pronto como as soon as
tanto de as much from (of)
tarea job, task
taurino relating to the bullfight
techo roof, indoors
técnica technique
tecnicismo technicality
temblor de tierra (el) earth
  tremor
temor (el) fear
templado temperate
temprano early
tender (ie) to tend to
tendido lying down
tener a su cargo to have charge of
tener en cuenta to bear in mind
tener ganas to really want to,
  be anxious, be willing
tener que to have to
teorizar to theorize
tergiversar to distort, change
  attitude or opinion
término end
terremoto earthquake
terrenal earthly
terreno land
testigo witness
tierno tender
timón (el) steering wheel
tinieblas (las) darkness, night
tipo type, person, guy
tirar to shoot

tiro shot
tocar to play or sound, touch
tocarle en suerte to be lucky
tolerar to tolerate
toreo bullfight
torero bullfighter
tormenta storm, torment,
  tempest
torre (la) tower
traición (la) treason, betrayal
traidor traitor
traje (el) suit of clothes
traje de luces bullfighter's
  costume
trámite (el) step, proceeding
transeúnte (el, la) passer-by
transmitir to transmit
trascendente important
trascender (ie) to extend
trasladar to move
traspasar to pass over
trastornado upset
trastorno upheaval
travesía distance, trip, passage
trazar to trace, chart
trepidar to vibrate
trigueño swarthy
tripulación (la) crew
triste sad
triunfar to triumph, win
truco trick
truncar to mutilate
turbado upset, embarrassed

U

unir to unite, join
utilidad (la) utility, use

V

vacilar to hesitate
vacío vacuum
vagabundo vagabond, wanderer
vago bum, lazy
valer la pena to be worth the
  trouble

valerse de　to make use of
varón　boy, male
vasto　vast, extensive
vejez (la)　old age
velar　to watch, keep watch
vencer　to overcome
venganza　vengeance, revenge
venirle en ganas　to do as one
　pleases
venta　sale
ventaja　advantage
veraniego　summer, summery
verdaderamente　truly
verídico　real, truthful
verter (ie)　to reveal, empty
vestido　dress
vestido de etiqueta　formal dress
vestirse (i)　to get dressed
vez (la)　time, occasion
vicio　vice, bad habit
vicisitud (la)　vicissitude, ups
　and downs

victimario　murderer
vientre (el)　belly, womb
vigilar　to watch
vincular　to entail
vínculo　bond
violación (la)　violation, rape
violar　to violate, rape
viviente　living
vocablo　word
vocero　spokesman
volar (ue)　to fly
voluntad (la)　will
voz (la)　voice
vuelo　flight

Y

ya que　since
yugo　yoke, oppressive law

Z

zozobra　uneasiness

ÍNDICE DE TEMAS GRAMATICALES